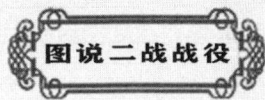

图说二战战役

巴巴罗萨行动

申文平 主编

吉林出版集团股份有限公司

图书在版编目（CIP）数据

巴巴罗萨行动／申文平主编．—长春：吉林出版
集团股份有限公司，2019.7

ISBN 978-7-5581-6695-2

Ⅰ.①巴…　Ⅱ.①申…　Ⅲ.①德国对苏联突然袭击（
1941）—史料　Ⅳ.① E512.9

中国版本图书馆 CIP 数据核字（2019）第 090180 号

巴巴罗萨行动

主　　编	申文平	
责任编辑	王　平　姚利福	
策划编辑	齐　琳	
封面设计	亿德隆装帧设计	
开　　本	710mm×1000mm　1/16	
字　　数	240 千	
印　　张	18	
版　　次	2020 年 1 月第 1 版	
印　　次	2020 年 1 月第 1 次印刷	

出　　版	吉林出版集团股份有限公司
电　　话	总编办：010-63109269
	发行部：010-81282844
印　　刷	三河市天润建兴印务有限公司

ISBN 978-7-5581-6695-2　　　　　　　　　　定价：45.00 元

目　录

第一章
苏联崛起

克里姆林宫的主人

1924 年 1 月 21 日下午 6 时，在哥尔克村，列宁的病情恶化了。在这种情况下，列宁仍在努力地思考着苏联的现在和未来。钢铁般的意志支撑着列宁……列宁的脸色惨白，呼吸急促，体温升高，很快便没有了知觉。6 时 50 分，列宁因脑溢血停止呼吸。伟大的革命导师列宁病逝。

列宁逝世的噩耗就像晴天霹雳一样，震惊了整个世界，全世界陷入了无比沉痛的悼念之中。

在解剖列宁的遗体时，苏联的医生们都没有见过眼前这种现象：列宁的脑血管已经钙化了，他们拿金属镊子敲打着脑血管，就像敲在硬物上一样。脑血管壁的增厚使血液堵塞了，一滴血液都无法通过血管壁。

1924 年 1 月 23 日，人们将列宁的遗体从哥尔克村运抵首都莫斯科，停放在工会大厦。从 1 月 23 日至 27 日，共有 90 多万来自各个国家的人民来到工会大厦向列宁默哀。人们为了向无产阶级革命领袖列宁告别，冒着莫斯科零下 30 多度的严寒，默默地排队等候在大厦旁的大街上。

苏共中央执行委员会作出决定，在克里姆林宫墙旁的红场上修建列宁的墓穴。工人们冒着严寒日夜施工，很多外国人也志愿参加施工。

列宁生前发现斯大林在使用权力时过于粗暴，曾对斯大林提出过严厉的批评，列宁还向苏联共产党的第十三次代表大会提议，解除斯大林的党中央总书记职务，但代表大会没有通过列宁的提议。列宁离开人世后，斯大林成为党中央最高领导。

斯大林开始残酷地迫害政敌，以保证其路线得到贯彻施行。斯大林先后迫害了左翼革命家托洛茨基、季诺维也夫、加米涅夫以及右翼革命家布哈林。

1. 托洛茨基

1879 年 10 月 26 日，犹太人托洛茨基出生在乌克兰赫尔松县，他的家庭是富农。1896 年，托洛茨基参加社会主义运动。1897 年，

托洛茨基

托洛茨基参与建立了南俄工人协会，南俄工人协会反对沙皇的反动统治。

1898 年，托洛茨基因为在尼古拉也夫组织工人委员会，他被政府流放到西伯利亚。1902 年秋季，托洛茨基逃到英国伦敦避难。随后他加入列宁、普列汉诺夫等人主编的《火星报》，他拥护列宁的共产主义主张。他的绰号为"列宁的棍子"。

1905 年，工人群众推举 26 岁的托洛茨基为圣彼得堡苏维埃主席，他成为区联派领袖。

1917 年，托洛茨基的区联派宣布拥护列宁派，托洛茨基又被工人选为圣彼得堡苏维埃主席。

在 20 世纪最伟大的社会革命——十月革命中，托洛茨基的贡献功不可没。斯大林指出，十月革命起义的实际工作是在托洛茨基直接指挥下完成的。斯大林认为，卫戍武装之所以站在苏维埃阵营，是因为卫戍武装信任托洛茨基，托洛茨基将革命军事委员会的工作做得很好。

托洛茨基不仅在十月革命中，而且在革命政权的捍卫和国际共产主义革命方面，都作出了重要的贡献。在托洛茨基当外交官期间，他是国际共产主义革命政策的负责人。在欧美共产主义运动中，托洛茨基有着很高的威望。

十月革命成功后，托洛茨基与列宁的画像经常并列挂在墙上。列宁病逝以前，苏联共产党历届全国代表大会上，代表们发言结束时都高呼："我们的领袖列宁和托洛茨基万岁！"

托洛茨基精通军事指挥。在十月革命中，他是起义军的最高指挥官。1918 年，托洛茨基缔造了苏联红军，他是杰出的指挥官。在苏联内战期间，托洛茨基乘坐装甲列车冒着枪林弹雨来到前线，他亲自指挥前线红军作战，差一点被炸死。

白军攻打圣彼得堡时，圣彼得堡最高领导人季诺维也夫吓得惊慌失措，这件事使他面子丢尽，但托洛茨基却镇定自若地指挥红军作战。

同时，托洛茨基是杰出的外交家，他要求英国释放囚禁在英国的俄国流亡革命者。如果英国不释放的话，他就不放英国人离开苏维埃，最后英国政府被迫同意。他曾将目中无人的法国来访者赶出办公室，但却热烈欢迎前来缓和冲突的法国大使，这显示了他的有礼、有利、有理、有节的外交风范。

托洛茨基热心于苏联国民经济管理与研究工作，他是苏联社会主义计划经济的倡议者和实践者。他在文学理论方面有着很高的造诣，他著有《文学与革命》一书。他的文学理论影响了许多国际左翼知识分子，如陈独秀、鲁迅、胡风等。哈佛大学的图书馆藏有150多卷的《托洛茨基全集》，包括自传和大量私人日记、信件，这些资料十分宝贵。

1922年，斯大林担任了党中央总书记后，领导着书记处和组织局。斯大林利用列宁与托洛茨基的矛盾，从政治局手中接过了大部分权力。斯大林和加米涅夫、季诺维也夫结成同盟，共同对付托洛茨基。

斯大林利用手中的权力，大量提拔反对托洛茨基的人，他还把支持托洛茨基的人解除职务。由于列宁病情加重无法参加政治局会议，斯大林又和加米涅夫、季诺维也夫、布哈林、李可夫结成"五人小组"。后来，扩大为"七人小组"：斯大林、季诺维也夫、加

米涅夫、布哈林、李可夫、托姆斯基、古比雪夫。在苏联政治局中，托洛茨基被斯大林等人孤立了。

1924 年，列宁逝世以后，季诺维也夫、加米涅夫和斯大林合伙排挤托洛茨基。1925 年 1 月，苏联党中央全会开始批判托洛茨基，免除了他的军事委员会主席一职，托洛茨基更加被动了。

1928 年 1 月，托洛茨基被流放到哈萨克斯坦的阿拉木图。在流放地，托洛茨基不断攻击斯大林的专政。1929 年 1 月 20 日，苏联政府将托洛茨基驱逐出境。

托洛茨基先后流亡土耳其、法国和挪威等地，后来定居墨西哥。托洛茨基受到各国进步团体的欢迎。流亡期间，托洛茨基写了大量著作，反对斯大林，宣传"不断革命论"。

在西班牙内战期间，托洛茨基支持西班牙进步人士。德国共产党不顾托洛茨基的警告，低估了纳粹党的危险性，拒绝与社会民主党建立统一战线，致使德国工人运动被德国纳粹党残酷镇压。

在墨西哥定居期间，托洛茨基表示不会干预墨西哥内政，但仍继续遥控指挥苏联的反斯大林派。他还发动了一场组织成立第四国际的运动。1938 年 9 月 3 日，30 多位来自 10 个国家的代表在巴黎成立第四国际。

早在 1937 年，苏联最高人民法院就判处 13 名"托派分子"死刑。托洛茨基及其儿子被作为"人民公敌"。1938 年 3 月，苏联指控托洛茨基与希特勒、日本达成卖国协议，又指控托洛茨基与英国、波兰政府达成了卖国协议。后来，苏联还指控托洛茨基企图谋杀斯大林、高尔基等人。托洛茨基先后 3 次被缺席判处死刑。

为了保证托洛茨基的人身安全，墨西哥政府在托洛茨基家附近设立警察所。托洛茨基也随身携带手枪。他先住在墨西哥左翼画家迪亚哥·利弗拉家中。后来搬到附近的房子居住，并躲过多次暗杀。

1940年8月20日，麦尔卡捷尔前来拜访托洛茨基。麦尔卡捷尔是托洛茨基女秘书西尔维亚的情人，他经常来托洛茨基家里做客。

这一天，麦尔卡捷尔在大晴天穿着雨衣，走进托洛茨基的书房，他从雨衣中掏出登山用的冰斧，用力砍向托洛茨基的头部。满脸是血的托洛茨基大声呼救，并夺门而逃。托洛茨基的警卫们立即

季诺维也夫

冲入书房，逮捕了麦尔卡捷尔。托洛茨基被送到医院后，因伤势过重而逝世。

墨西哥警方经过调查发现，麦尔卡捷尔是西班牙人，他接受了苏联内务部的委派。他先是骗取了托洛茨基的女秘书的芳心，接着骗取了托洛茨基的信任，伺机实施谋杀行动。

2.季诺维也夫

季诺维也夫于1883年9月11日出生在乌克兰耶利扎韦特格勒。他的父亲有个经营奶牛的小牧场。季诺维也夫没有上过学，但自学了文化知识，14岁起就开始教书，后来他先后在两家大商行打杂。

19世纪末，季诺维也夫在俄国南部参加了社会主义运动。1901年，季诺维也夫参加了俄国社会民主工党。1902年，季诺维也夫受到沙皇反动政府的迫害，后来他被迫出国流亡。

1903年，季诺维也夫在瑞士结识了列宁。同年7月，在俄国社会民主工党第二次代表大会上，工党分裂成布尔什维克党和孟什维克党。季诺维也夫加入了布尔什维克党。

1903年秋季，季诺维也夫奉命回到南方。1904年底，季诺维也夫出国治病，他考进伯尔尼大学，攻读化学。求学期间，他参与了共产国际的工作。

1905年1月，季诺维也夫回到俄国圣彼得堡参加共产主义运动，参加圣彼得堡党组织的工作，来到喀琅施塔得发动水兵起义。1906年春季，他加入俄国共产党圣彼得堡委员会。1907年5月，季诺维也夫参加俄国共产党的伦敦代表大会，当选为共产党中央委员。9月，俄国共产党中央委员会在圣彼得堡秘密创办《社会民主党人报》，季诺维也夫进入编辑部工作。

1908 年春季，在编辑部会议上，季诺维也夫被沙皇警察逮捕。俄国警方未能掌握季诺维也夫的犯罪证据，便将其释放。1908 年夏季，季诺维也夫被迫逃亡国外。

1917 年 3 月（俄历 2 月），"二月革命"后，季诺维也夫陪同列宁返回俄国。从此，季诺维也夫在列宁的领导下，开始了发动人民群众进行十月革命的准备工作。十月革命胜利以后，中央委员季诺维也夫参加了全俄农民代表大会、圣彼得堡苏维埃会议。12 月 13 日，季诺维也夫被选为圣彼得堡苏维埃主席。

1918 年 4 月，季诺维也夫当选俄国北方公社联盟人民委员会主席。1919 年 3 月，在莫斯科成立了共产国际。季诺维也夫进入执行委员会和执行局，当选为共产国际执行委员会主席。

季诺维也夫在苏联共产党中央的权力斗争中，为了实现他的权力野心，与斯大林等人联手将托洛茨基排挤出党中央。托洛茨基被孤立后，斯大林便开始排挤季诺维也夫。季诺维也夫感到自己被斯大林出卖了，立即与托洛茨基结盟，但为时已晚。

1927 年 10 月 23 日，苏共中央委员会把季诺维也夫和托洛茨基排挤出去。11 月 14 日，苏共中央委员会将季诺维也夫和托洛茨基开除党籍。此后，大量"党内左翼反对派分子"被逮捕和流放。这一年，斯大林在政治上打败了以托洛茨基等人为首的政敌后，牢牢地控制了党和国家的权力，苏联随即开始了和平建设。

1928 年，季诺维也夫向党中央写信，向斯大林等人承认自己的错误，请求斯大林等人的谅解。不久，季诺维也夫被党中央恢复党籍。

1928—1932 年，季诺维也夫先后在消费合作社中央联社理事会和教育人民委员会工作。由于季诺维也夫秘密进行了反对斯大林的活动，中央监察委员会于 1932 年又把他开除党籍。

1933 年 5 月，季诺维也夫再次向党中央承认罪行，不久又被恢复党籍。

3. 加米涅夫

加米涅夫是苏联共产党早期领导人之一，1883 年 7 月 22 日出生在莫斯科。

1901 年，加米涅夫参加了俄国社会民主工党。1902 年，到巴

加米涅夫

黎参加了《火星报》的工作。1903 年 7 月，在俄国社会民主工党第二次代表大会上，工党分裂成布尔什维克和孟尔什维克两个党。加米涅夫加入了布尔什维克党。

1905 年加米涅夫在圣彼得堡参加了工人运动，1908 年来到日内瓦担任《无产者报》的编辑，他多次参加国际会议。

1914 年，加米涅夫回到俄国圣彼得堡，成为《真理报》编辑部的领导。当年 11 月，沙皇政府将加米涅夫逮捕，流放到西伯利亚。1917 年二月革命后，加米涅夫回到圣彼得堡，成为布尔什维克驻圣彼得堡苏维埃代表。

在布尔什维克的四月代表会议上，加米涅夫当选中央委员。他在《新生活报》上发表文章，宣称他与季诺维也夫反对党中央关于武装起义的决定。他的言论受到党中央的严厉批评。

十月革命胜利后，在苏维埃第二次代表大会上，加米涅夫当选苏共中央执行委员会主席。由于加米涅夫在谈判时接受了社会革命党和孟什维克成立"社会主义政府"的要求，他被党中央撤销了主席职务。

1918 年下半年，加米涅夫当选莫斯科苏维埃主席。第二年，他进入中央政治局，成为政治局委员。

1922 年，加米涅夫当选苏联人民委员会副主席、劳动国防委员会副主席。1924 年成为劳动国防委员会主席。

1925 年，加米涅夫、季诺维也夫组织了"新反对派"，反对斯大林。为此，加米涅夫受到苏共中央的批判。

1926 年，加米涅夫被苏共中央开除出政治局，改任商业人民委员，并于 1927 年被苏共开除党籍。1928 年，加米涅夫承认错误以

后，恢复了党籍。1932 年，他又被苏共开除出党。1933 年，加米涅夫再次恢复党籍。

1935 年，季诺维也夫、加米涅夫被法院指控组织了"反革命地下恐怖集团"，于次年 8 月被处决。

1988 年 6 月 13 日，苏联最高法院撤销了对季诺维也夫、加米涅夫反革命案的死刑判决，宣布两人是无罪的。

尽管在这场苏联政治巨变中，始终伴随着清洗与血泪，但苏联在内战后，在斯大林的领导下，苏联人只用了 20 多年的时间，就将落后的封建俄国建设成社会主义的世界强国，斯大林在这方面的功绩是世界公认的。

1928 年，苏联开始了"一五计划"。1932 年，苏联第一个五年经济发展计划提前完成。苏联共建成 1500 个大型国有工业企业，并实行了大规模农业集体化。大批新兴工业部门的涌现，使苏联从落后的农业国转变为工业国，苏联军事工业产值大幅增长，工业占总产值的 70.7%。

1933 年，苏联开始了"二五计划"，工业总产值增加了 1.2 倍。1937 年，苏联第二个五年经济发展计划完成，建成 4500 个大型国有工业企业，工业生产总值成为欧洲第一、世界第二。

1938 年，苏联开始了第三个五年经济发展计划，继续兴建工厂。1938 年和 1939 年，苏联工业总产值增长分别为 11.8% 和 16%。然而，战争却离苏联越来越近了。

列宁（1870—1923 年）原名弗拉基米尔·伊里奇·乌里扬诺夫，1870 年 4 月 22 日出生在俄国伏尔加河畔的辛比尔斯克，父亲是一位具有民主主义思想的教育活动家。1887 年，在喀山大学法律系学习的列宁因参加学生运动而被学校开除，遭到逮捕和流放。不久，他又回到喀山，开始研究马克思的《资本论》和普列汉诺夫的著作。1892 年，他开始筹建马克思主义小组，并将《共产党宣言》译成了俄文，还写下了第一本著作《农民生活中新的经济变动》。这时的列宁已由一个革命民主主义者转变为一个共产主义者了。

1900 年，列宁在德国创办了第一张俄国社会民主工党的机关报《火星报》。1903 年 7 月，俄国社会民主工党在布鲁塞尔召开代表大会，会上形成了以列宁为核心的布尔什维克，布尔什维克

革命导师列宁

的意思是多数派。布尔什维克及其思想体系的产生，标志着列宁主义的形成。

1905 年 11 月，俄国资产阶级民主革命爆发后，列宁回到祖国直接领导革命，并提出了无产阶级政党在民主革命中的策略。第一次世界大战爆发后，列宁又提出了"变帝国主义战争为国内战争"的口号，阐明了社会主义可以在一国或数国首先胜利的理论。1917年 3 月，沙皇政府被推翻。听到沙皇垮台的消息以后，列宁立即返回俄国，积极准备发动武装起义。在列宁的领导下，俄国人民终于取得了十月社会主义革命的胜利。这一伟大胜利开辟了人类历史发

苏联统帅斯大林

展的新纪元。

革命胜利后，列宁当选为第一届苏维埃政府主席，他领导苏联人民粉碎了帝国主义的三次武装进攻和国内的叛乱，使苏联的经济建设逐步走上了正轨。

列宁在晚年患上了脑溢血。1923 年，列宁病情开始恶化，第二年不幸与世长辞，终年 54 岁。

斯大林（1879—1953 年）苏联共产党和国家主要领导人，武装力量最高统帅，战略家，苏联元帅。

斯大林于 1879 年生于格鲁吉亚哥里城一鞋匠家庭。1894 年进正教中学读书，1898 年加入俄国社会民主工党，1901 年 3 月开始职业革命生涯，先后被捕 7 次，流放 6 次。1903 年被选进高加索联盟委员会，1912 年被增补为俄共（布）中央委员会委员，并领导中央委员会俄罗斯局的工作。1917 年 5 月当选为党中央政治局委员，之后主持党领导武装起义的革命军事总部，协助列宁组织和领导十月社会主义革命。1922 年 4 月，斯大林在俄共（布）第十一次代表大会上当选为党中央总书记。

1924 年 1 月列宁逝世后，他领导苏联党和人民在十分困难的条件下进行社会主义建设，把落后的农业国变成先进的工业国。1941 年苏德战争爆发后，他担任国防委员会主席、国防人民委员和武装力量最高统帅，动员、组织和领导全民进行反法西斯战争。他依靠最高统帅部大本营及其总参谋部，及时作出战略决策，先后取得了莫斯科会战、斯大林格勒会战和库尔斯克会战等一系列战略决战的重大胜利。同时，他积极开展外交活动，曾参加苏、美、英三国首

脑在德黑兰、雅尔塔和波茨坦举行的会议，在推动世界反法西斯联盟的建立和巩固，制定打败德意日法西斯的战略决策方面，起了重要的作用。

卫国战争后，斯大林担任苏联共产党党中央总书记、苏联部长会议主席和苏联武装力量部长，领导苏联人民恢复和发展遭到战争严重破坏的经济。1953年3月5日斯大林因患脑溢血在莫斯科去世，终年73岁，葬于莫斯科红场。

★斯大林与列宁的第一次见面

斯大林18岁时，在第比利斯的一家铁路工厂领导马克思主义小组工作。20岁时创办了格鲁吉亚的第一份革命报刊《斗争报》。

斯大林成立了拥护以列宁为首的俄国社会民主党的第比利斯委员会。21岁的斯大林在重工业城市巴士姆的10家工厂中建立了11个社会民主党小组，成立以他为首的巴士姆委员会。

斯大林领导了由工人罢工而形成的巴士姆政治示威游行。巴士姆政治示威游行震撼了沙皇政府，推动了高加索地区甚至整个俄国的社会主义运动。沙皇政府派遣密探前来调查，斯大林被捕入狱。

斯大林在高加索的一家监狱里关押了一年半后，又被流放到西伯利亚东部，流放期为3年。那一年冬季，斯大林收到列宁的慰问信。从列宁的信中，斯大林发现只有列宁才能把最繁乱的事情理顺得这样清晰。斯大林认为列宁的每句话里都蕴含着哲理，使他更加相信列宁。

斯大林无法忍受自己与社会主义运动隔绝3年。当时恰逢日俄战争临近，中国满洲边界混乱。斯大林乘坐一辆农民的马车，顶着风雪向乌拉尔西行，路上遇到了可怕的暴风雪，差点被冻死。但斯大林仍想逃离西伯利亚，后来，他终于回到了高加索地区，但脸和耳朵已经被冻坏。

斯大林回到第比利斯以后，开始执行列宁的社会主义路线。俄国大革命风暴的前夜，斯大林领导巴库石油城的工人举行"十二月大罢工"，罢工大获全胜。接着，南高加索地区多次爆发大罢工，很多城市的工人甚至建立了武装，农民们也组成了革命委员会支援工人们的罢工。

斯大林一边领导南高加索地区的革命运动，一边组织出版革命书报、小册子和传单。面对沙皇反动政府被迫颁布的"自由宣言"，斯大林在集会上经常对工人和农民们大喊："我们需要武装、武装、再武装！"

1905年底，斯大林以南高加索代表的身份，参加了在芬兰坦默福斯举行的第一次俄国布尔什维克代表大会。在代表大会上，斯大林第一次见到了党的领袖列宁。列宁给他留下了深刻的印象，他进一步感到列宁的伟大。列宁很赏识斯大林，认为他具有敏锐的观察力和干练的作风。

超强的军事色彩

苏联军事工业是在斯大林的领导下快速壮大的，在军事工业壮大的过程中，斯大林的倾向和作风对军事工业产生了重要影响。作为国家最高领导人，斯大林经常直接指导军事工业的具体生产，确定发展重点。

斯大林是在战争年代中成长起来的，他对武器有着深厚的感情。在日常工作中，他对军事的关注程度超过其他一切工作。他每天都抽出几个小时研究军事上的问题，尤其重视军工生产。

在一些重要武器的设计和制造上，斯大林不相信政治局、总军事委员会以及其他军事机关。斯大林重视直接接触第一手资料，他经常接见兵工厂的经理、党委书记和总设计师等。斯大林严格要求他们完成预定的军工生产计划。

斯大林是苏联军事工业方面的专家，他经常深入专家、部队的高级指挥官中间，和他们一起讨论武器的各种问题。他十分了解各种兵器的性能和工艺特点。

斯大林行事素来雷厉风行，当他确定要制造某种武器后，立即要求有关部门尽快完成设计和生产。比如，152毫米加榴炮的设计工作在斯大林的督促下仅用18天就完成，而此前的76毫米榴弹炮设计工作用了18个月才完成。在他的监督下，苏联军事工业始终保持着满负荷运转。

斯大林对苏联军事工业生产的指导，并不是空想那些苏联的物质条件暂时不允许的方面。他不是无知的专制统治者，他对军事工业有着全面、科学的认识。

在他那钢铁般意志的有力领导下，薄弱的苏联军事工业快速壮大，基本保持着正确的发展方向。苏联军队装备了大量精良的现代

苏军 152 毫米加榴炮

化武器装备，为反法西斯战争的胜利提供了物质基础。

斯大林非常了解军事工业的发展情况，他尽量使苏联军工生产少走弯路，基本保证了根据实际情况向苏军提供装备。苏军机械部长库利克元帅曾向斯大林提出用 107 毫米野战炮代替 45 毫米和 75 毫米坦克炮，斯大林立即采纳了他的建议。

另一方面，斯大林的一些主观错误也给军事工业的正常运转带来了不利影响。例如，万尼科夫等火炮专家向斯大林提出 107 毫米野战炮不适合发射穿甲弹，不能作为坦克炮使用。这个合理化建议被斯大林拒绝了，因为红军在苏联内战期间曾使用过 107 毫米野战炮，斯大林对这种野战炮的感情很深。苏德战争初期，改装 107 毫

苏军 T-34 坦克

米野战炮的坦克在战场上遭受重创。

作为唯一的社会主义国家，苏联的建设一直带有强烈的军事色彩。从 1921—1927 年的新经济政策时期，苏联的建设中心是恢复和发展国民经济。当时，苏联的军事工业继承了沙俄时代的落后基础，缺乏生产武器的物质资料，特别是钢铁的产量不到第一次世界大战前的 1/5。苏军的武器装备是在沙俄军队的基础上改进后继续使用的，主要来自外国，缺乏自立研制的国产武器。

1927 年，斯大林在一次大会讲话中指出："苏联即将面临一场长期的、残酷的军备竞赛，交战双方的所有经济和军事基础都将在军备竞赛中受到考验。"军事工业成为第一个五年计划的重心，其中飞机、火炮和坦克成为重中之重。"二五计划"期间，军工投资达到 470 亿卢布，军工产值比"一五"增长 1.8 倍。在"三五计划"中，前三年军事工业投资 1182 亿卢布，占"三五计划"总投资的 25% 以上。从 1928—1940 年，苏联累计国防开支 1701 亿卢布，同期工业投资总额为 1850 亿卢布。

苏联的工业布局充分考虑了战略纵深问题。"一五计划"在白俄罗斯、乌克兰、高加索、哈萨克斯坦等地兴建工业基地。"二五计划"把大批重工业兴建在东部。"三五计划"把工业投资集中在伏尔加河流域、乌拉尔和西伯利亚。

从 1930—1938 年，苏联坦克产量增长 43 倍，火炮产量增长 7 倍，枪支产量增长 5.4 倍。武器产量增长幅度很大，速度很快。尤其是 1936 年以后，德国加快了扩军备战计划，刺激了苏联军事工业的发展。"三五计划"期间，苏联新建 2000 个兵工厂，集中力量制造飞机和坦克。

从 1939 年至 1940 年 6 月 22 日，苏联生产坦克 7000 辆（新式坦克 1500 辆）、火炮 10.07 万门。同期德国坦克和装甲车产量共 7292 辆，火炮产量仅为 1.4088 万门。

与此同时，苏联加快了新兵器的研制，1937 年研制出 T-46-5 坦克、152 毫米加榴炮。1938 年研制出 CMK 重型坦克、122 毫米榴弹炮。1939 年研制出 KB 重型坦克和"喀秋莎"火箭炮。轻武器方面，新式半自动步枪、机枪、自动步枪等步兵武器纷纷出厂。

1938 年的军工产值比 1937 年增长 36%，1939 年的军工产值比 1938 年增长 46.5%。到 1941 年，国防预算占到全部预算的 43.4%，当时的苏联已经武装到了"牙齿"。

斯大林从民用重工业中调拨大量人力和物力投入军事工业生产。1940 年 1 月，斯大林决定研制新型迫击炮和迫击炮弹。6 月，斯大林决定生产 T-34 坦克，还要求部分民用企业生产 T-34 坦克，比如拖拉机厂和运输机械厂。12 月，斯大林决定从 43.9 万名技工中抽调 5 万名青年技工赴军工企业工作。1941 年 6 月，斯大林决定大量生产火箭炮弹和"喀秋莎"火箭炮。

斯大林行事的雷厉风行促进了苏联军事工业的快速壮大，但也带来了急功近利等许多弊病，尤其是在技术要求高的空军装备方面，造成的危害最严重。

比如，1939 年 6 月，斯大林下令："在 1940—1941 年新建 9 个飞机厂和改造 9 个旧飞机厂，并将飞机发动机的产量扩大一倍。"军工部门在斯大林的高压下一味求快，结果新飞机质量差。1941 年前三个月，苏联空军发生一等事故 71 起，二等事故 156 起，损失 138 架飞机，损失 141 位飞行员。

苏军重型轰炸机

在重武器装备方面，战争初期，苏军与德军相比，苏军无论在数量上还是在质量上都占有很大优势。以坦克为例，在坦克最重要的两项指标（火力和防护力）上，苏军坦克具有明显优势。

在数量上，德军投入苏联战场的坦克（包括自行火炮）共4700多辆，其中能够与苏军T-34坦克抗衡的德国4型坦克数量很少。而苏军装备了1225辆T-34和636辆KV-1坦克。

在战争初期，苏军在战略上严重失误，但在个别战场上靠着装备优势经常使德军吃亏。比如，在立陶宛的一座桥梁上，一辆苏军的 KV-1 重型坦克凭借强大的火力和超厚装甲，阻挡德军一个师整整两天。当时德军的反坦克武器无法对付它。

德军曾经紧急要求兵工厂提供新式武器以对付苏联 T-34 坦克。正是因为 T-34 坦克的威胁，才促使德国后来研制了"虎"式坦克。

苏联的军事理论是在与国内的守旧思想斗争中确立起来的。当时的主要代表为：伏龙芝、叶戈罗夫、特里安达菲洛夫、图哈切夫斯基、乌波列维奇等将领。这些将领们认为：军事科学必须精确地分析和估计在世界占主导地位的科技进步和发展。

从 20 世纪 20 年代末起，这些将领们大量使用炮兵和装甲兵集团军，同时通过航空优势和无线电及机械化步兵来加强国防。他们还重视发展汽车业和拖拉机运输、铁路和公路建设。

苏军 KV-1 重型坦克

1937 年，在苏联军事理论上，最流行的是对骑兵解决战术和战略任务的夸大，而斯大林和国防人民委员伏罗希洛夫坚持这种主张。

图哈切夫斯基元帅重视装甲部队的建设，反对夸大骑兵的作用，于 1937 年 5 月 6 日在《红星报》上发表文章："目前国内出现一种军事理论，这种理论并非建立在分析敌我新装备的基础上，而是建立在内战的经验上。我们应该关注的是国力和文化的发展，不应该关注内战时期的英雄主义。我们应该关注资本主义阵营中，我们可能的敌人的军备加强。"

1937 年 5 月 11 日，在图哈切夫斯基的文章发表 5 天后，他竟变成了"人民公敌"，被指控为诋毁马的作用，被解除了军职。

6 月 11 日，图哈切夫斯基、雅基尔、乌波列维奇、埃德曼、费尔德曼、普里马科夫、普特纳、科尔克一起被定为叛国罪，并被处决。

斯大林发布的《关于建立装甲兵和机械化集团军不合时宜的决定》，成为二战前夕苏军建设上的重大失误。

在机械化军的建设问题上，斯大林有时听信库利克元帅和巴甫洛夫将军的建议，有时听信总参谋长沙波什尼科夫的建议，两年间，苏联机械化军先是撤销，后来又重建，阻碍了苏军的机械化军建设。

另外，斯大林指导了很多现代化武器的设计和生产工作，苏军的装备精良。但是，斯大林重用大批思想守旧的将领，比如长期担任国防委员会主席的伏罗希洛夫，他认为骑兵所向无敌。

大批能征善战的军官在大清洗中被杀，其中最著名的是图哈切

苏军战士合影

夫斯基元帅。图哈切夫斯基和德国的古德里安、英国的富勒、法国的戴高乐，是欧洲少数几个真正了解装甲部队作用的高级将领。作战思想保守的布琼尼等将领则成为苏联军队的主要领导人。

1938 年，伏罗希洛夫在《工农红军和海军 20 周年》的报告中说："在世界各国军队中，骑兵几乎销声匿迹了……而我国坚持的是相反的主张。我国英勇的骑兵将再次作为无敌的红色骑兵载入史册。红色骑兵仍然是战无不胜和摧毁一切的武装力量。"

1939 年，布琼尼元帅在第十八次党代表大会上说："我认为，马对我国的经济和国防同样重要。然而，我国养马业比其他农业部门受害更深。人民公敌在国家致力于工业化和集体化时期，诋毁马的作用。"斯大林对骑兵的莫名其妙的嗜好，使苏联在苏德战争时期付出了惨痛的代价。

德国入侵波兰后，苏联立即通过《普遍义务兵役法》，它使应征年龄从 21 岁降为 18 岁。苏军的扩建在人类历史上前所未有，苏军从 1933 年的 85.5 万扩编至 1939 年初的 194 万又从 1939 年的 194 万激增至 1941 年的 420 万，新建了 125 个师。后来，苏联又征召 50 万预备役人员参军。苏德战争爆发时，德军部队中最年轻的士兵是 1940 年秋季入伍的，1941 年春季入伍的属于预备军团，而苏军战前西部军区有 2/3 以上的士兵是 1941 年入伍的新兵。

1940 年 3 月，苏芬战争结束，这场战争充分暴露了苏军在大清洗后的虚弱。大清洗后提拔的大批军官缺乏经验，造成苏军整体战斗力下降。

1940 年 6 月，德国在西欧的"闪击战"惊醒了坚持"骑兵天下无敌"思想的斯大林。苏军重建机械化部队，并要求装备 3.2 万辆

俄国十月革命时起义的士兵

坦克，苏联还在西部边境加快修建工事和机场。

1941 年 3 月，苏军坦克部队扩充为 61 个坦克师和 31 个摩托化步兵师，每个坦克师配备 375 辆坦克，每个摩托化步兵师配备 275 辆坦克，总计 31400 多辆。苏德战争爆发前，苏军共得到 7000 多辆坦克，其中新型坦克为 26%。庞大的机械化部队并未建成。

改编要求一年内新建 25 个空军师和 106 个航空团，其中一半装备新型飞机。1941 年夏季，苏联航空工业产量比德国高 50%，但新型飞机产量远远跟不上需要。战争爆发时，苏军只有 19 个航空团完成了改装。1941 年初组建的 5 个空降军缺乏新式武器，新的防空体系尚未建立。

苏德战争爆发后，苏军编制计划被迫缩减，每个空军师缩减为两个团，每个团飞机从 61 架缩减为 22-32 架。

战争前夕的苏联是庞大的、没有组装完成的战争机器，这正是希特勒急于入侵苏联、而斯大林尽量避免与德军开战的原因。

同时，不得不承认，如果没有先前在斯大林强有力的领导下的军事工业打下的雄厚物质和技术基础，苏军后来也是无法挽回败局的。

★十月革命

资产阶级政府为了阻止布尔什维克党的武装起义，于 1917 年 11 月 2 日派士官生占领了圣彼得堡的各个重要据点，并查封了布尔什维克党的《工人之路》和《士兵》报，搜捕布尔什维克党的领导人。同时，资产阶级政府命令圣彼得堡军分区派兵攻打斯莫尔尼

宫——军事革命委员会所在地。

11月6日，列宁写信给斯大林，要求在当晚逮捕政府人员，解除士官生的武装。根据列宁的指示，在总指挥托洛茨基的领导下，圣彼得堡的卫戍武装、水兵以及工人赤卫队参加了起义。

根据斯大林制定的起义计划，起义军攻占了圣彼得堡的各个重要据点，包围了资产阶级政府所在地——冬宫。

11月7日凌晨，列宁来到斯莫尔尼宫，亲自指挥武装起义。凌晨1时，起义军攻下邮政总局。2时，起义军攻下波罗的海火车站和尼古拉耶夫斯基火车站。很快，起义军关闭了政府大楼的电路，切断政府和司令部的大部分电话。

清晨6时，起义军攻克了皇宫大桥。除宫廷广场和伊萨基耶夫斯卡广场，首都几乎都被起义军占领。政府总理克伦斯基乘坐美国大使馆的汽车逃亡。

上午10时，2000多名士官生仍在冬宫负隅抵抗。下午6时，2万多名起义军包围冬宫。晚9时45分，停在涅瓦河上的"阿芙乐尔"号巡洋舰炮轰东宫，打响了进攻的第一炮。起义军越过了街垒，攻击冬宫。起义军和士官生展开了白刃战，8日凌晨1时50分，起义军终于占领冬宫。

在攻打冬宫的同时，苏维埃代表大会在斯莫尔尼宫举行，大会通过列宁起草的《告工人、士兵和农民书》，宣布各地政权一律归苏维埃。苏维埃代表大会通过了《和平法令》和《土地法令》。

《和平法令》建议交战国立即停战、谈判，缔结不割地不赔款的和约。

《土地法令》规定所有土地收归国有，交给农民使用。大会选举成立了工农兵苏维埃政府——人民委员会，列宁当选人民委员会主席。托洛茨基当选外交人民委员，斯大林当选民族事务人民委员。

11月9日，苏维埃政府成立，苏维埃政府成为世界上第一个无产阶级专政国家。

血腥的内部大清洗

列宁曾经在他的"遗言"中明确提出:"斯大林同志成为总书记后,掌握着无限的权力。我怀疑他能否永远谨慎地使用这一权力!"列宁的担忧并不是没有道理的,他发现斯大林有时行事专横、粗暴。

在列宁逝世后最初的那几年里,苏联党和国家的领导人斯大林认真地接受了列宁的善意批评。他注意到自己有时行事粗暴所产生的严重后果。执政之初,斯大林变得谦虚、谨慎起来,他开始接受党内外各种不同的意见,并在很多不同的意见中寻找正确的路线。但没有机构能够限制斯大林的权力,这为以后他犯了斗争扩大化的错误埋下了伏笔。

随着苏联国民经济形势一年比一年好转,斯大林逐渐变得专断起来。斯大林具有钢铁般的意志,他坚信自己提出的国家发展路线,越来越听不进反对自己路线的意见。在日常工作中,斯大林失去了向不同意见者说服和解释的耐心,而将他的思想强加于人。

在斯大林周围逐渐出现了一些趋炎附势的政客,他们极力吹捧斯大林,借此得到斯大林的提拔和重用。这些政客利用人民群众对斯大林真挚的热爱,把斯大林加以神化。在斯大林50大寿时,苏联出现了领袖崇拜的狂潮。

苏联各大报刊发表颂扬斯大林的文章,克里姆林宫的墙上挂着斯大林的画像,全国各地的基层党组织、国有工厂、集体农庄向斯

基洛夫

大林寄出效忠信。

　　斯大林的名字和画像成为苏联人生活中的一部分。尽管斯大林有时对此也很反感，但他并未采取任何措施制止这种狂潮。

　　与此同时，党内的不同意见者开始反对斯大林的专断，有些意见十分尖锐。为了达到在资本主义国家的包围中建设苏联的目标，斯大林决心清除他在推动国家发展道路上遇到的一切反对者。从20世纪30年代初开始，斯大林放弃思想教育的方法，采取了镇压和恐怖行动，扫清不同意见者。斯大林开展的大清洗，给苏联共产党、军队和人民造成了难以弥补的巨大损失。

苏联大清洗的惨剧是从基洛夫被暗杀开始的。1934年12月1日，年轻的共产党员列昂尼德·尼古拉耶夫秘密潜入列宁格勒（即圣彼得堡）斯莫尔尼宫。列昂尼德开枪打死了政治局委员、列宁格勒省委书记基洛夫，列昂尼德当场被逮捕。

斯大林认为敌人在党内包围着他。基洛夫被暗杀一定是政治阴谋。他认为，党必须进行一次大清洗，肃清党内的敌人。

苏联政府为此成立专案组，斯大林亲自率领专案组，赴列宁格勒办案。斯大林认为，随着调查的不断深入，一定能查出凶手与反对派，尤其是凶手与托洛茨基的联系。

不久，苏联政府发表公报："杀死基洛夫的列昂尼德是从芬兰、立陶宛和波兰潜入苏联的白俄流亡组织恐怖分子之一。"几天后，苏联内务部逮捕并处决了104名"白俄恐怖分子"。苏联政府展开了清洗"窝藏在西方"的白俄流亡组织的运动。

随着对104名"恐怖分子"的处决，大清洗运动开始升级，苏联政府把杀害基洛夫的罪责推到党内"托洛茨基和季诺维也夫"反对派的头上。苏联所有的报纸都揭发了反对派的"罪行"。苏联记者卡尔·拉狄克在《消息报》上发表文章："每个党员都应该明白，党将以铁拳粉碎残匪……残匪将被党击溃，他们将被消灭，被清理出地球！"季诺维也夫、加米涅夫等大批反对派分子被抓。

在苏联广阔的大地上，在"随着社会主义的深入开展，阶级斗争愈来愈尖锐"的旗帜下，"肃反运动"愈演愈烈。"肃反运动"不仅要清理沙俄时期剥削阶级遗留下来的残余势力和隐藏的敌对分子，而且要清理持有不同政见的党内敌人。在大清洗运动中，人人自危，所有人不寒而栗。

　　布哈林冤案是当时苏联大清洗运动的一个缩影。布哈林是苏联共产党的主要理论家和苏联以及国际共产主义运动的主要领导人之一。

布哈林

1888 年 10 月 9 日，尼古拉·伊万诺维奇·布哈林出生在莫斯科，其父亲是位教师。1906 年，布哈林参加俄国社会民主工党。

1912 年夏季，布哈林在波兰克拉科夫结识了列宁。在多年的交往中，他们一直保持着很深的友谊，尽管他们在理论上经常发生争吵。列宁戏称布哈林是"革命的金娃娃"。布哈林爱好广泛，他与生理学家巴甫洛夫有着广泛的交往。

1917 年十月革命时期，布哈林是布尔什维克党的中央委员。他参与领导了莫斯科武装起义。苏维埃政府建立后，布哈林历任最高国民经济委员会领导成员、《真理报》主编、党中央委员、中央政治局委员、共产国际领导人。

布哈林参与制定了战时共产主义政策，他还参与制定了新经济政策等。布哈林一生留下了大量的理论著作，最著名的是《过渡时期的经济学》《共产主义 ABC》。布哈林多才多艺，曾当选苏联科学院院士，他的学问在今天的俄罗斯都能得到承认。

在列宁的"政治遗嘱"中，列宁说布哈林是党的最可贵的和最伟大的理论家，列宁说布哈林是全党所信任的人物。

列宁逝世前后，围绕着建设国家的发展路线问题，苏联共产党内部多次发生斗争。在这几次党内斗争中，双方的观点都有一定的道理。主要是以斯大林和布哈林为首的一派与托洛茨基的斗争；以斯大林为首的一派与季诺维也夫、加米涅夫新反对派的斗争；以斯大林为首的一派与托洛茨基和季诺维也夫联盟的斗争。

斯大林为首的一派战胜了托洛茨基和季诺维也夫后，又开始了与布哈林、李可夫、托姆斯基联盟的斗争。

最后，斯大林夺取了苏联的最高领导权，他的观点和权力占了

斯大林发起的清洗运动，波及全国。图为当时普通苏联人参加有关清洗运动的一次会议

上风。但斯大林破坏了列宁生前所建立的集体领导制度，布哈林等人被剥夺了权力。

1934年12月，斯大林借基洛夫被暗杀一案，开始清洗政敌。苏联政府将托洛茨基驱逐出境，季诺维也夫和加米涅夫等人先后被捕、被处决。布哈林预感到末日即将来临，他写了一封《致未来党代表大会的信》，要求妻子背下来。在那封信中，他为自己的冤屈辩白，呼吁未来党的领导人为他平反昭雪。

据统计，在苏联大清洗前，苏联共产党有党员和预备党员350多万人，但到了1937年1月时，党员人数已经降为200万人以下。

1934年春季，"十七大"召开，在这次大会上，历经沙俄时期地下斗争、十月革命夺权、苏联内战等各种考验的最优秀的1966名共产党员，有1108名被投入监狱。中央委员和候补中央委员共139名，其中98名被逮捕和处决。

斯大林最亲密的战友、政治局委员奥尔忠尼启泽，以自杀向斯大林表示抗议。苏联报纸报道说奥尔忠尼启泽是因心脏病发作而逝世。但为奥尔忠尼启泽联合签署诊断书的4位名医中的3位不久就被捕并被处决。

1938年2月，苏联成立特别军事法庭，公开审讯以布哈林、李可夫为首的"右派和托洛茨基联盟阴谋集团"。

总检察长维辛斯基指控布哈林派卡普兰暗杀列宁、基洛夫、全俄肃反委员会主席明仁斯基、作家高尔基。维辛维基还指控布哈林是帝国主义的间谍。

为了妻子安娜·拉林娜和儿子尤里拉林的安全，布哈林被迫承认了罪行，但他与法官进行了机智的斗争，他否决了具体的事情，这为日后的苏联政府为他平反创造了条件。

在没有任何罪证的情况下，只凭布哈林的口供，法官判处包括布哈林在内的所有被告死刑。1938 年 3 月，布哈林、李可夫等人被处决。

就这样，苏联早期的 7 位政治局委员中，布哈林、李可夫、季诺维也夫、加米涅夫被处决，托姆斯基被逼自杀，托洛茨基在墨西哥流亡时被苏联内务部派人暗杀，只剩斯大林一人。

武装部队的清洗是从苏军总参谋长图哈切夫斯基元帅和其他 7 位将军开始的。1936 年的一天，希特勒得到一份情报："苏军参谋长图哈切夫斯基迫于大清洗的压力，很可能发动政变，以推翻斯大林的专政。"

希特勒将苏联元帅图哈切夫斯基视为未来德军进攻苏联的最大阻力。希特勒看着这份绝密情报，很快想出一条毒计。他决定采用"借刀杀人"之计，借苏联肃反委员会的力量，干掉图哈切夫斯基这个劲敌。

希特勒决定将这份证据不足的情报提供给苏联方面，以此来换取斯大林对德国的好感，麻痹斯大林对德国入侵苏联的警惕性。这真是一箭双雕之计。

不久，希特勒指示法西斯情报头目海德里希，组织力量搜集、整理，甚至编造图哈切夫斯基准备政变的"证据"。

1937 年 5 月 10 日深夜，德国最高统帅部军事谍报局的一幢办公大楼突然失火，火势越来越大。消防车来回穿梭，发出尖叫声。消防兵、宪兵一拥而上，现场一片狼藉。

大火扑灭后的结果使谍报局局长卡纳里斯上将感到震惊："档案

海德里希的秘密情报站

处封存的一些绝密文件不见了！"

"这是严重的失职，"希特勒指着卡纳里斯一顿训斥，"必须由你负责。"

"是，我会查清的！"卡纳里斯回答。卡纳里斯费了一番周折，可是，这个事件始终无法查清。原来，这出闹剧正是海德里希策划的。

参加这一阴谋的只有 5 个人，为首的是党卫队旗队长贝伦茨中校，其他 4 人是德国刑警总部的在押犯。这 4 人身怀绝技，制造的盗窃大案轰动了整个欧洲。在贝伦茨的带领下，他们窃取了军事谍报局中海德里希想要的文件。

几天后，在柏林的一个秘密地下室中，海德里希成立了一座实验室，多位语言学家、逻辑学家、心理学专家、印章专家和笔迹模仿专家，正在秘密炮制苏联元帅图哈切夫斯基谋反的"专卷"。

在他们的手中，"图哈切夫斯基与德国将军的秘密来往信件""图哈切夫斯基等人给德国出具的收款凭据"炮制出来了。

伪造"专卷"的工程顺利地进行着。文件和信件的每一页上，都盖上了德国军事谍报局的钢印和"绝密"印章，德军十多名高级将领的德文缩写签字也出现在文件上！

信件表明：图哈切夫斯基正在策划里通外国的政变，图哈切夫斯基等人靠出卖苏联机密而获得巨额情报费等。

在一家舒适高级的酒店中，经常聚集着很多外国的使节和达官贵人。捷克驻德国柏林的大使马斯特内多次光临这家酒店。马斯特内是捷克的外交官，暗地里是一位间谍。一年多来，德国正在进行着分化捷克的罪恶勾当，特别是在苏德台地区，海宁所操

控的苏台德德国党与德国纳粹党互相勾结，威逼捷克政府同意苏台德地区自治。

这时，捷克政府想了解苏德关系的动向，假如苏联站在德国一边，那么捷克在与德国的冲突中就无法得到苏联的支持。捷克政府命令马斯特内："必须摸清德苏的发展趋势！"

马斯特内心情沮丧，一声不响地喝着酒，一脸的愁容。

"不要发愁，亲爱的，把所有的烦恼都抛之脑后吧！"贝丽尔小姐很关心地劝道。

"你有什么愁事？马斯特内。"贝丽尔娇嗔地问道，"可能我们是最后一次了。"

1934 年的苏军士兵

"你怎么了？"马斯特内不解地问。

"我很害怕……"她小声说，"大家都希望苏德和好，但愿不要发生意外……"贝丽尔想说什么，又停住了。

"我们应该单独待一会儿。"马斯特内对贝丽尔说。

"好吧。"贝丽尔举起酒杯，脸上掠过一丝喜悦。

"德国政府正在与苏联红军中的反斯大林集团联络，希望苏联出现混乱。"贝丽尔对马斯特内说。

这件事使马斯特内感到震惊，但他的脸上依然很平静。"亲爱的，但愿苏德能够保持友好！"贝丽尔说着，用双臂去拥抱马斯特内。

原来，马斯特内的情人贝丽尔是德国警察的一员。贝丽尔年仅24岁，她同时是德国外交部的秘书。海德里希命令她把图哈切夫斯基的绝密情报告诉马斯特内。

第二天，捷克总统贝奈斯得到了这一情报。贝奈斯连忙召见苏联驻布拉格大使亚历山德罗夫斯基。

3天后，法国政府在巴黎召开外交官招待会。法国总理达拉第向苏联大使波特金通报了法国得知的情报："先生，莫斯科有改变政治方针的可能。据可靠情报，德国正与苏联某些红军将领之间密谋推翻斯大林！"

"这是谣传，先生，不要上当！"波特金说。

10分钟后，波特金回到大使馆，用密电向斯大林作了汇报。这也是海德里希为增加情报的可信度，故意向法国人施放的烟幕。海德里希的陷阱已经挖好，斯大林一步步地陷了进去。

海德里希的代表贝伦茨来到布拉格，通过柏米与捷克总统贝

奈斯取得联系。贝伦茨向贝奈斯出售图哈切夫斯基谋反的"专卷"时，贝奈斯马上密报斯大林。就这样，贝奈斯的特使与贝伦茨直接接触。

斯大林的代表叶若夫来到柏林。贝伦茨向斯大林方面索价300万卢布，斯大林毫不犹豫地答应了。

5月20日，斯大林解除了图哈切夫斯基的副国防人民委员的职务。图哈切夫斯基出任伏尔加军区司令员。苏联人不敢想象，在五一劳动节上还陪伴在斯大林身边的图哈切夫斯基，这么快就失宠了！几天后，图哈切夫斯基元帅来到莫斯科喀山火车站向苏联高级军官们告别。

"元帅，请保重！"许多军官握住他的手。

"谢谢大家。"图哈切夫斯基的举手投足之间显示出病态，步履蹒跚地登上列车。

6月4日，伏尔加沿岸军区召开政治工作会议。会议刚刚结束，图哈切夫斯基元帅就被逮捕了。同一天，斯大林在莫斯科召开了苏联革命军事委员会扩大会议。斯大林揭露"反革命军事法西斯组织"，号召人们粉碎"反革命阴谋"。

6月12日，图哈切夫斯基和基辅军区司令员亚基尔、白俄罗斯军区司令员乌鲍列维奇、伏尔加军区副司令员帕里曼科夫、红军军事学院院长科尔克、红军干部费里德曼、埃捷曼军长、普特纳军长，全部被处决。

副国防人民委员戈马尔尼科在斯大林派人前去逮捕时开枪自杀。斯大林借海德里希导演的这出闹剧清除了异己。就这样，苏联军队元气大伤。

1938 年的苏军飞行员

1938 年的苏联军官

　　苏联红军时期的 5 位元帅中有 3 位被处决，5 位一级集团军司令中 3 位被处决，10 位二级集团军司令全部被处决，57 个军长全部被处决，186 个师长中 154 个被处决，16 个一级集团军政委被处决，二级集团军政委全部被处决，28 个军政委中 25 个被处决，64 个师政委中 58 个被处决，456 个上校中 401 个被处决，11 名副军事人民委员被处决，80 名最高军事委员中的 75 名被处决。

　　1938 年 11 月 29 日，苏联国防人民委员伏罗希洛夫在军事委员会会议上宣布，"在 1937—1938 年的清洗中，共有 4 万多人被清洗。"

　　大清洗中，陆军有 36898 人被解职，其中有 11178 人后来根据苏共中央委员会 1938 年 1 月通过的一项决议而复职。1937 年 5 月至 1938 年 9 月，苏联海军有 3000 多军官遭镇压。

经过苏军的大清洗，所有的军区司令、90％的军区副司令、各兵种司令和勤务主任被撤换，80％的军长、师长被撤换，91％的团长、副团长被撤换。与此同时，大批经验不足的军官得到提升，一些排长一跃升为团长，一些营长甚至晋升为军长。军官的调动日益频繁。1938 年，70％的军官被调动过。

1939 年，苏军中的清洗逐渐减少，但清洗始终没有停止。尤其是苏德战争前夕，大批军官被捕并被处决。比如，波罗的海沿岸军区司令洛克季奥诺夫，空军主要负责人雷恰戈夫，防空军主要负责人什捷尔尼。

随着苏军大规模扩军，军官的需求量猛增。苏军的一些兵团和部队军官严重不足。随着预备役军官的入伍以及各种军官训练班的开展，使军官不足的状况得到缓解。从整体上看，苏军军官基本上是尚未毕业的初级军事院校学员。

苏德战争前夕，苏军有 75％的军官任职不过几个月。庞大的陆军中空缺 66900 个职位，占陆军军官的 16％；在西部边境军区，陆军中军官的缺额竟达到 25％；空军中军官缺额 32.3％；在海军中，军官缺额 22.4％。

苏德战争爆发后，斯大林从监狱和劳改营中释放了大批军官，直接派往前线指挥战斗。另外，在大清洗中，很多科学家、学者也遭到迫害或被处决。比如，物理学家科罗廖夫在监狱中被迫研究火箭发射技术，日夜生活在迫害之中，结果英年早逝。

苏联政府将鞑靼人、车臣人、印古什人和德意志人等赶出世代居住的家园，这些少数民族被迫搬到遥远的生活条件恶劣的中亚地

区，途中几乎种族灭绝。

二战结束后，东欧地区成立了几个社会主义国家。1948年，苏联和南斯拉夫铁托政府关系恶化。在几个东欧国家中出现了大清洗，到处抓捕"铁托分子"。保加利亚中央书记科斯托夫，匈牙利外长哈伊克，捷克斯洛伐克中央书记夏兰斯基等人均被处决。波兰

苏联"装甲兵之父"图哈切夫斯基

统一工人党第一书记哥穆尔卡、匈牙利社会主义工人党主要领导人
卡达尔等人被关押。

图哈切夫斯基（1893—1937），苏联军事家，苏军元帅。

图哈切夫斯基 1918 年参加苏联红军并加入苏联共产党。1918
年 5 月起任东方面军第一集团军司令，率部在伏尔加河中游地区同
白军和捷克白匪作战。1919 年 1 月至 3 月任南方面军第八集团军司
令，在北顿涅茨河同哥萨克白匪作战，4 月至 11 月任第五集团军
司令，协同其他集团军胜利地参加了 1919 年东部战线的反攻，后
又参加了从高尔察克军队手中解放乌拉尔和西伯利亚的兹拉托乌斯
特、车里雅宾斯克等战役。1920 年 1 月至 4 月，图哈切夫斯基任高
加索方面军司令，同邓尼金军队作战。1920 年 4 月至 1921 年 8 月，
对地主资产阶级波兰战争期间任西方面军司令；1921 年 3 月，在平
息喀琅施塔得叛乱时任第七集团军司令；4 月至 5 月指挥坦波夫地
区的军队平息了安东诺夫叛乱。图哈切夫斯基任集团军和方面军司
令时表现出高超的组织能力和军事才能。

战后，图哈切夫斯基任工农红军军事学院院长。1922 年 1 月至
1924 年 4 月再任西方面军司令。后来任红军参谋长助理，1924 年 7
月起任红军副参谋长。1925 年 11 月至 1928 年 5 月任红军参谋长，
积极参加 1924—1925 年实行的军事改革。1928 年 5 月任列宁格勒
军区司令。1931 年任苏联革命军事委员会主席，兼任红军装备部部
长。1934 年起任副国防人民委员，1935 年与亚基尔成功举行震惊
世界的基辅军区大演习。1936 年起任第一副国防人民委员兼军训部
部长。1937 年突然被解除副国防人民委员职务，任伏尔加河沿岸军
区司令。6 月被秘密逮捕，随即被枪决。图哈切夫斯基之死对苏联

红军产生了灾难性的影响。

★大清洗的后果

发生在苏联 1930 年代的大清洗，后果主要表现在两个方面：

其一，这场政治运动给苏联社会造成了严重创伤，各个领域的精英均受到摧残，人们生活在生命安全和行动自由得不到法律保护的环境中，精神受到极大压抑。而且，在保安机构滥用非法刑讯手段和特务手段的情况下，人人自危，诬告、假供盛行，人格被扭曲，社会道德水平严重滑坡，其消极影响祸及几代人。

其二，这场运动最终确立了高度中央集权体制的极端形式——斯大林个人专制。由于用持续数年的大规模镇压清除了从老布尔什维克到年轻一代干部中可能构成对自己权力挑战的对象，特别是整肃了在十七大上流露不满的代表和中央委员，斯大林终于稳固了自己至高无上的地位，登上了权力金字塔的顶端。

"祸水东引"之计

苏联地处欧亚大陆,作为当时世界上唯一的社会主义国家,是德国法西斯向东扩张的死敌。苏联西伯利亚大军正在亚洲大陆上对付日本。在东方有虎视眈眈的一百多万日本关东军,在西方有疯狂扩军的德国,东西夹击之势使苏联感到紧张。

苏联加紧了与西方国家的联系,以摆脱孤立状态。1933年11月,美国与苏联建立了外交关系。1934年9月18日,苏联加入国联。1935年5月2日,法国和苏联的代表在巴黎签订《法苏互助条约》。这一条约应该能够成为有效制约德国的利器,但法国却把条约用来作为与德国谈判的筹码,法国与苏联之间根本没有诚意,都不准备履行义务,事实上这项条约签订后从未实行过。

《法苏互助条约》反而给一直寻找机会撕毁《洛迦诺公约》,准备进驻莱茵兰的德国提供了借口。德国外交部开始以受到法苏结盟威胁为理由,经常抨击《法苏互助条约》。

如果《法苏互助条约》得到法国国会的批准,这就等于它与捷克斯洛伐克同苏联缔结的条约联结起来,使德国遭受这些国家的围攻。尽管德国不断攻击《法苏互助条约》,但法国国会并没有批准该条约,而希特勒也不敢轻举妄动,因为他需要找到废除《洛迦诺公约》的借口,更需要适合德国对外扩张的国际政治气候。

1936年3月7日凌晨,德国一支小分队越过莱茵河,进驻莱茵兰非军事区。上午10时,德国外长约见洛迦诺缔约国几位驻德

大使，交给他们建议废除《洛迦诺公约》和提出新的和平计划的照会。

德国建议与比利时、法国签订为期 25 年的互不侵犯条约，请英国和意大利出面保证。德国建议与东邻诸国签订为期 25 年的互不侵犯条约。然后，德国外长向各国大使宣布，德国的小分队已经进驻莱茵兰地区。两小时后，希特勒在国会发表演讲："德国不断地提出与法国保持和平，但法国与苏联结成军事同盟，这是对《洛迦

西班牙战场上的苏联志愿军战士

诺公约》的破坏。德国认为不应该再受《洛迦诺公约》的束缚了。"

1936年7月18日，驻摩洛哥和加那利群岛的西班牙军队在圣胡尔霍、佛朗哥等将领指挥下发动武装叛乱，意图颠覆西班牙共和国政府。英法等国既不愿意西班牙成为布尔什维克国家，也不愿意西班牙成为法西斯国家，于是对西班牙内战采取中立政策。同样，美国也宣布继续保持中立，拒绝向交战双方输出武器和军用物资。

西班牙共和政府得到世界各国进步人士的同情，各国人民募集食品、药品、钱款和武器进行援助。54个国家的4万多人自愿前往西班牙，组成国际纵队。

自1936年10月至1939年1月，苏联共向西班牙共和国援助648架飞机、347辆坦克、60辆装甲汽车、1186门火炮、20486挺机枪和497813支步枪。苏联向西班牙共和国派遣大批军事专家和顾问，以及3000名苏联志愿军。

在希特勒政府和墨索里尼政府的支持下，经过近3年内战，1939年3月21日，佛朗哥军队攻克马德里，建立独裁统治。佛朗哥下令取消其他政党，长枪党成为唯一合法政党，取消代议制度，立法、行政和司法等大权都由他一人独揽。一切军、政要员、主教都由他一人任命，一切法律、法令都经他批准。佛朗哥政府逮捕和枪杀反对人士和共产党员，导致许多西班牙人流亡世界各国。

西班牙内战结束后，法国处于三面受敌的战略地位。在法国内部，右派势力猖獗。在国际上，法国陷入孤立。欧洲的一些中小国家看到法国竟不敢出兵，任凭德军进驻莱茵兰，现在又看到法国任凭德意出兵西班牙，对于如此软弱的法国，已没有人再信任它。

1936年8月29日，罗马尼亚亲法的外相被赶下台。10月14日，

苏联向西班牙政府提供了大量军事援助。图为苏联援助的 T-34 坦克

比利时宣布恢复中立政策，废除与法国的军事同盟。南斯拉夫连忙讨好德国，于 1937 年 3 月 25 日与法国断交，与意大利签订互不侵犯条约。波兰也开始讨好德国，以求德国"谅解"。捷克也想与德国达成一项"谅解"备忘录。不久，法国人民阵线政府垮台，法国独霸欧洲大陆的幻想破灭。

英国曾经高兴过，在英国人看来，英德主宰欧洲的现实就在眼前。然而，佛朗哥政权的出现使英国由大西洋经直布罗陀海峡通往亚洲和非洲的航线受到威胁。法国并没有真正被削弱，仍然会继续与英国争权夺利。

为西班牙内战感到真正满意的是德国和意大利，两国的武器装备得到了检验，军队取得了实战演练，最重要的是意大利与德国的关系已牢不可破。

西班牙内战是二战前社会主义与法西斯主义的一次大较量，其结果是西班牙共和国政府被取缔，佛朗哥在西班牙建立了法西斯政府。西班牙加入《反共产国际协定》，德意两国通过西班牙战争相互取得信任，在西班牙内战结束后正式结盟，使欧洲战略格局出现了有利于德意的重大转变。

1937 年 7 月，日本发动侵华战争。英、法、美策划太平洋国际会议，企图把中国出卖给日本。1938 年 3 月 17 日，苏联向英国提出关于举行一次四国会议，讨论制止德国扩张的建议。但被张伯伦拒绝，而且他还反对苏联对德国动武。

英法眼看着奥地利灭亡都不管，这使得德国的野心越来越大，希特勒看透了英法的绥靖外交政策。不久，英、法、美等国承认德国合并奥地利，分别将驻奥使馆改称维也纳领事馆。苏联强烈谴责德国的扩张，建议召开国际会议，西方列强对苏联的建议不理不睬。

奥地利与德国合并后，德国的经济、军事实力大大增强，战略地位也更加巩固，希特勒加快了他的侵略和战争计划。

1938年，欧洲大陆风云变幻，希特勒一再叫嚣要称霸世界。希特勒曾多次以苏联领土为诱饵引诱波兰瓜分苏联，遭到波兰政府拒绝。由于苏联共产主义政权的存在，英法等资本主义国家企图把法西斯德国引向苏联，待苏德两败俱伤之时，英法等国坐收渔翁之利。

在东欧内部，波兰政府天真地称之为"独立"的政策。波兰的政策是既怕德国又怕苏联，1938年9月，波兰想在德国和苏联之间挑拨离间，玩弄平衡游戏。这一次波兰更想扩大为"赫尔辛基－布加勒斯特轴心"，好像波兰已经变成大国了。随着德国在东欧的不断扩张，德国对波兰有侵略的野心，但波兰却倾向于德国，波兰对苏联的仇视非常露骨。

波兰同样渴望领土扩张。波兰提出如果德国向捷克斯洛伐克宣战，波兰会帮助德国一起瓜分捷克斯洛伐克，尽管波兰的军事实力并不怎么样，但波兰却认为自己能战胜捷克斯洛伐克。哪怕法国出兵支援捷克斯洛伐克，波兰也会进攻。

波兰人对此的解释是：反正捷克斯洛伐克要瓦解，波兰必须出兵收复以前被捷克斯洛伐克侵占的领土，使波兰扩大成东欧中立集团的领袖。最重要的因素就是波兰敌视捷克斯洛伐克的盟友苏联。如果波兰帮捷克斯洛伐克对德国作战，这就带来了让苏军过境的危险。波兰是绝对不同意苏军过境的。

勇猛的波兰骑兵

波兰对捷克斯洛伐克的领土要求是切欣地区。波兰支持匈牙利，而匈牙利对捷克斯洛伐克的野心也不小。波兰也支持罗马尼亚，因为罗马尼亚的壮大有利于抑制苏联。

波兰争取与匈牙利接壤，其目的是扩大德国与苏联之间的屏障。对波兰来说，必须消灭卢西尼亚的乌克兰民族主义，如果卢西尼亚被匈牙利吞并，就能根除隐患。

匈牙利曾谋求放弃它对南斯拉夫的领土要求，以换取南斯拉夫在捷克斯洛伐克问题上保持中立。匈牙利也曾谋求意大利保证进攻南斯拉夫，如果南斯拉夫一旦袭击匈牙利。

后来，匈牙利的以上两项希望都落空了。德奥合并使南斯拉夫开始倾向轴心国。当捷克斯洛伐克危机在 1938 年夏出现时，南斯拉夫向意大利保证，南斯拉夫不插手匈牙利与捷克斯洛伐克的冲突。意大利声称：如果南斯拉夫加入轴心国，就不要去攻打匈牙利。

这时，墨索里尼正想拉拢南斯拉夫加入新罗马集团，甚至想偷偷地把波兰也拉进来。

1938 年 9 月 18 日，墨索里尼在的里雅斯特发表演讲，竟把捷克斯洛伐克苏台德区的问题扩大到捷克斯洛伐克境内的匈牙利和波兰少数民族问题上，并表示坚决支持这些少数民族的自治要求。

罗马尼亚与轴心国没有共同边界，与苏联有边界，它在对待德国上有很大的政策独立性。加上罗马尼亚的匈牙利少数民族比捷克斯洛伐克还要多，罗马尼亚政府特别反感墨索里尼的讲话。罗马尼亚既怕德国进攻自己，又怕社会主义苏联成为自己的盟国。因为苏联最擅长的就是令盟友失去主权而沦为加盟共和国。

为了瓜分捷克斯洛伐克，匈牙利主动与德国结成军事同盟。德军因此可以穿过匈牙利国土进入罗马尼亚。苏军要想支援捷克斯洛伐克也必须经过罗马尼亚，罗马尼亚就成为德国和苏联的战场，而且战争结束后胜利者是否会退出去，还是未知数。

罗马尼亚对苏军过境问题支吾搪塞或者表示到时再说。苏联声称在必要时将从波兰和罗马尼亚的领土上过境，以便到达捷克斯洛伐克阻止德军。但苏联显然害怕自己被孤立，呼吁英法两国也来参与此事，被英法拒绝了。英国还警告苏联不要插手捷克斯洛伐克事务。

波兰坚决绝不同意苏军过境。波兰还反对苏军在罗马尼亚过境，声称一旦出现那样的情况，波兰将不会干涉匈牙利进攻罗马尼亚。

而捷克斯洛伐克的抗德计划是建立在与英法结盟基础上的，在东方，捷克斯洛伐克与苏联结盟了。捷克斯洛伐克总参谋部预计他们能顶住德军三至六个月的进攻，必要时能顶住匈牙利军队，争取时间让苏军取道罗马尼亚来救援，从而使法国进攻莱茵兰。然而，

苏联外长李维诺夫

法国背信弃义，捷克斯洛伐克的抗德计划破产了。正如德军占领莱茵兰地区一样，这一次法国不会出兵，而英国也不会干涉。

1938 年 9 月，英法及幕后的美国，企图以牺牲捷克斯洛伐克为代价，求得和平。在慕尼黑，英法德意四国签订了肢解捷克斯洛伐克的《慕尼黑协定》，结果捷克斯洛伐克割让苏台德领土给德国。这其实是引诱德国进攻苏联。

事实上，绥靖政策是挑动战争、扩大战争的政策。绥靖政策无法满足德、意、日三国的侵略野心，加速了第二次世界大战的爆发。

同时，英法政府还背地里与德国密谈，鼓励德意等国入侵苏联，英国还与德国谈定了 10 亿英镑的军事贷款，力图把战争引向苏联。

德国、日本和意大利综合实力比不上英法，更比不上美国与苏联。由于英法美以和平的名义推行绥靖政策，处处抑制苏联，到大战爆发前，德国在欧洲，意大利在欧洲、非洲，日本在亚洲，霸占了大量领土，疯狂地掠夺战略资源，使得他们的战争实力大增。

《慕尼黑协定》被撕毁后，英法美苏对和平已不抱幻想，但却仍然认为德国在未来的两三年内不会发动战争。

慕尼黑会议是第二次世界大战的导火索，它有三个缺席者：捷克斯洛伐克、波兰和苏联。

慕尼黑会议后，捷克斯洛伐克作为一个国家已经不复存在，波兰发现自己成为大国的梦想破灭，苏联对英法等国的敌视则更强，这影响它日后与英法等国的关系。

慕尼黑会议还使法国在东欧的势力彻底消失，同时英国在东欧的势力除希腊和土耳其外也已消失。

苏联东边有德国的威胁,同时英法长期以来把苏联视为"眼中钉",而日本发动全面的侵华战争,妄图从中国东北进攻苏联,南进南洋,称霸世界。美国隔岸观虎斗,企图再次坐收渔翁之利。面对这种情况,苏联的压力巨大,斯大林密切注意世界格局,希望战争局限在资本主义阵营内。斯大林一面采取权宜之计与德国周旋,一面做好应对战争的准备。

★苏联外长李维诺夫的努力

1939 年 3 月 10 日,斯大林在苏联共产党第十八次全国代表大会上说:"西方资本主义国家的弱点是他们放弃了集体安全的原则而转向了绥靖政策。绥靖政策就是企图使侵略国转向其他国家。西方资本主义国家推动德国人东进,他们准许侵略国轻易获得战利品。他们怂恿德国:'你们只要攻打布尔什维克就行了。'他们挑拨我们与德国发生没有任何理由的冲突。"

斯大林继续大声疾呼:"我们决不能让那些战争贩子把我国拖进战争中去。"斯大林尽管反对西方资本主义国家的绥靖政策,但他没有放弃建立集体安全的计划。

3 月 15 日,德国入侵捷克斯洛伐克的第三天,苏联外长李维诺夫提出召开由苏联、英国、法国、波兰、罗马尼亚和土耳其等国参加的欧洲会议,商讨采取共同军事行动,来阻止德国的扩张。

英国、法国和波兰的领导人不信任苏联,担心中了斯大林的诡计。他们以时机尚不成熟为理由拒绝了苏联的提议。

4 月 16 日,苏联外长李维诺夫在莫斯科接见英国大使,他对英

国大使说:"由于欧洲的安全局势越来越紧张,德国的侵略野心太大了。苏联、英国和法国有必要缔结互助条约。三国还应该签署军事协定。三国还应该向中欧和东欧所有受到德国威胁的国家作出担保。希望英国和法国能接受这些建议。"

英国政府对苏联外长李维诺夫的提议迟迟不答复。李维诺夫推行的集体安全外交政策失败,他被迫辞职。5月3日,莫洛托夫继任苏联外长。5月8日,英国政府通知苏联,拒绝与苏联结盟。这使得苏联更加忌恨英国的"祸水东引"政策。为了苏联的安全着想,斯大林决定与德国改善关系。

正在演讲的斯大林

德国的秘密警察（盖世太保）

苏联空军轰炸机飞行员

苏军使用反坦克枪的军事训练

进驻捷克斯洛伐克的德军

第二章

四面楚歌

苏德结盟，貌合神离

1939年3月21日，法国总理达拉第访问伦敦。英国首相张伯伦对他说，英法两国与波兰、苏联联合发表声明，宣布四国将马上开会商讨如何制止德国在欧洲进一步扩张的问题。达拉第同意了，但波兰反应非常冷淡，认为苏联对波兰有野心，拒绝英国的建议。

在英法商量怎样对付德国扩张时，希特勒决心武力夺取立陶宛的默麦尔。3月20日，德国外长里宾特洛甫约见立陶宛外长，要求立陶宛把默麦尔还给德国。否则，德军就灭掉立陶宛。他对立陶宛外长说："立陶宛人不要骗自己，以为能从英法那里得到支援。"

3月21日，里宾特洛甫通知立陶宛政府，必须派代表于22日到柏林，在默麦尔归还文件上签字。第二天，希特勒准备从海上出兵炮轰默麦尔，他乘坐袖珍战列舰自施魏恩缪恩德启程，率其他舰船向默麦尔驶去。下午，立陶宛代表来到柏林，与里宾特洛甫谈判。希特勒在袖珍战列舰上多次催问立陶宛代表是否签字，这关系到德海军是否炮轰默麦尔港。

3月23日凌晨1时30分，立陶宛代表签字了。当天下午2时30分，希特勒进入港口城市默麦尔，在默麦尔戏院向住在那里的日耳曼人发表热情洋溢的演说，宣布默麦尔回归祖国。希特勒再次无视《凡尔赛条约》。德军占领默麦尔给波兰人以巨大的震动，他们普遍担心希特勒的下个目标是波兰走廊。

既然波兰拒绝合作，为了对付波兰的无礼，希特勒扬言要诉诸

德国外长里宾特洛甫

　　武力。3 月 23 日，英法正式结成军事同盟，并于 31 日宣布对波兰的安全给予保证。波兰政府对德国的态度变得更加坚决。

　　3 月 24 日，希特勒回到柏林。第二天，他对陆军总司令布劳希奇说，现在还不希望用武力解决但泽问题，若波兰人不肯让出但泽，就只能对但泽动武。

　　在军事合作方面，1939 年 3 月，英法通过战时相互援助的义务，决定一旦德国入侵荷兰、比利时和瑞士，两国也要给予军事支援，进一步加强英法同盟。

　　此后，英法两国总参谋部开始长期会谈，双方就未来的战争期间如何合作进行蹉商。双方商定：两国军队将一同向敌方宣战；在同一战区内的联合作战行动由一方的指挥部统一指挥；一旦战争爆发，英国应出动海军和空军予以支援，向法国出动英国远征军；陆上的战役由法军陆军负责指挥。

英法两国知道，在 1939 年单靠两国的力量是无法使希特勒停止侵略的。他们想避免战争，必须联合苏联的力量。英法立即抛弃了过去对付苏联的政策，自 4 月初开始与苏联恢复友好往来。

随着德国战列舰炮击但泽，德军正式入侵波兰

从 1933 年起，苏联一直谋求与英法等国合作，建立集体安全体系，但英法等国对德意日等国推行绥靖政策，苏联的愿望总是无法达成。

德国与奥地利合并后，苏联于 1938 年 3 月 17 日曾向英法等国建议在国联举行国际会议，讨论阻止德国继续扩张的问题，但遭到英国的粗暴拒绝。英法对这一提议的反应加重了斯大林对他们"祸水东引"企图的疑惧。

这时，苏联试图建立欧洲集体安全体系的迫切希望已经变成彻底的失望。英法帝国主义列强对新生的苏维埃政权的封锁政策使苏联的国际活动空间非常狭窄。在这极为不利的国际环境下，为了维护国家的安全，斯大林在外交事务上表现得越来越谨慎。

斯大林认为要让苏联在帝国主义国家包围中强大起来，需要相当长的和平时期来发展工业和军事力量。推迟战争的爆发是斯大林最紧迫的任务。就是这个原因，使苏联在很长的一段时间里，把外交工作的重点放在维护和平上。

二战爆发前，苏联先后与波兰、芬兰以及南面和西面的几乎所有邻国都签署了双边及多边和平条约。然而，在德国法西斯的不断侵略扩张下，这些和平条约显得非常脆弱。

苏联从英国和法国那里没有看到合作的诚意，即使是面对希特勒的一次次背信弃义，英国和法国依然排斥苏联。苏联已经被法西斯国家包围了，斯大林开始重新审视自己的安全政策，他以前总想努力争取与英法结成同盟，但现在却准备脱离英法，改行中立政策，决不与任何国家结盟，避免苏联卷入战争。

大战一触即发，英法这时要与苏联结成反法西斯同盟，但仍不

肯拿出诚意，英法与苏联的谈判不可避免地破裂。斯大林曾派人询问法国代表："若波兰受到攻击后，能拿出多少个师来对付德国？"法国代表说："100多个。"苏联代表又问："英国能够拿出多少个师？"英国代表答复是："2个，以后将增加2个。"苏联代表叹道：

斯大林接见德国外长里宾特洛甫

"你们知道不知道，如果我们要打仗的话，我们得投入 300 个师。"

经过长期的接触，斯大林发现英国和法国政府并没有决定在波兰受到侵略的时候动武。英法两国只是希望英法苏以外交上的联合吓退德国。斯大林肯定，这样做是不可能的。斯大林认为，英国和法国不但没有任何诚意，而且张伯伦政府的根本目的就是纵容希特勒入侵波兰，威胁苏联。

苏联政府也像英法一样采取了一系列措施应对战争。1939 年，苏联军费从 1937 年的 201 亿卢布增至 408 亿卢布。1939 年 2 月 23 日，苏联海军委员会宣布组建一支庞大的远洋舰队。

1939 年春夏之际，张伯伦虽然不断派代表与苏联谈判结盟事宜，但他还希望与希特勒谈判取得成功，这导致英国的信誉不断下降。

在战略方面，英国认为自己是海上霸主，主要负责对德国实施海上封锁和战略轰炸，地面作战应由主要盟国法国承担。法国却认为德国在占领波兰后，下一个目标是苏联，而进攻法国至少是四五年以后的事情。

德国方面，在正式发动入侵波兰的战争前，希特勒认为必须先改善德国的不利态势，避免英法苏的结盟，排除一战时使德意志帝国陷入泥潭的两线作战的可能。希特勒把主攻方向对准了法国，因此，必须开展对苏联的和平攻势。希特勒决心通过重大让步来争取苏联的中立。

1939 年 5 月，德国驻苏大使舒伦堡突然被召回柏林。回到柏林后，舒伦堡受到外交部长里宾特洛甫的约见。里宾特洛甫命令舒伦堡回莫斯科后，态度友好地向苏联政府传达德国对苏联没有敌意，

莫洛托夫代表苏联与德国签订《苏德互不侵犯条约》

尽快查清苏联对德国的真正态度。

舒伦堡指出，在英法苏谈判期间，德国与苏联的接洽是否恰当时，里宾特洛甫说："英国和苏联不可能达成什么实质性的协议，元首不相信英国和法国会给予苏联以大量的或者真心实意的军事援助。这一点，元首的眼光可谓英明。"

舒伦堡回到莫斯科后，立即展开外交活动。他拜见外交人民委员莫洛托夫，对莫洛托夫转达了柏林对苏联日益友好的诚意，要求与苏联恢复经济贸易谈判。接着，舒伦堡又与其他苏联领导人会谈，反复强调改善德苏关系的重要性。

在斯大林的授意下，7月22日苏德贸易谈判恢复了。7月26日，德国外交部官员尤利乌斯·施努尔在施莱兹饭店宴请苏联驻柏林大使阿斯塔霍夫和商务代表巴巴林。双方会谈一直继续到12点半。在此次会谈上，施努尔提出德国想与苏联完成一笔外贸交易的请求。

通过这些外交活动，德国向苏联反复强调绝不会进攻苏联；德国保证苏联置身于欧战之外；若苏联愿意，还可以达成苏德间利益的协定。苏联大使阿斯塔霍夫表示，与德国恢复正常关系符合两国的利益。

这时，斯大林首先考虑的是苏联的安全问题，一旦拒绝与德国签订互不侵犯条约可能招致战争。再加上英法美等国的态度，斯大林决定保持中立，让德国放心地去对付英法。但他又不希望德国吞并整个波兰，不想看到德国装甲师太靠近莫斯科。因此，他提出苏德共同瓜分波兰的建议。

8月23日晚，斯大林接见了德国外长里宾特洛甫，两人秘密商定了协议的文本，里宾特洛甫在文本中加上了有关德苏两国形成友好关系的重要文字。斯大林以农民式的精明说，苏联政府在被德国劈头盖脸地骂了6年以后，不能一夜之间把一项德苏友好宣言拿到人民面前。唯一能够援助波兰的苏联表示在德国攻打波兰时将宣布中立，作为回报，德国将送给苏联一块波兰的领土，作为苏联与德国之间的缓冲地带。德国外长里宾特洛甫几乎答应了斯大林的所有条件。后来的事实证明，这使苏联成功地推迟了战争，为国内发展

受检阅的波兰军队

经济争取了时间。

苏联和德国都很清楚，目前签订的《苏德互不侵犯条约》只是两国为自保而不得不签的条约。希特勒想从地图上消灭波兰，苏联也反对波兰作为一个独立国家而存在，苏联的这一政策一直维持到1941年6月德军入侵苏联时才不得不放弃。

《苏德互不侵犯条约》是在英法苏谈判无望，希特勒侵略波兰决心已下，苏联出于自身安全而采取的非常措施。这个条约使苏联摆脱了遭德日两面夹攻的危险，为苏联赢得了宝贵的扩军备战时间。但条约的签订在各国中间引起了混乱，不利于世界反法西斯运动的开展。多年来苏联在各国人民心目中反法西斯斗士的形象受到损害。

之后，苏联和德国为各自利益履行了《苏德互不侵犯条约》中的部分承诺。德国进攻西欧各国时，苏联甚至向德国提供了小麦和石油。

德苏条约发表后，意大利和西班牙公开表示反对。日本更是反对，因为日本正在中蒙边境与苏军作战。英国对《苏德互不侵犯条约》的签署十分恼火，扬言要派间谍谋杀希特勒。

苏联在条约签署后，赢得了短暂的和平。如果没有《苏德互不侵犯条约》，苏联会受到德、意、日从欧洲和亚洲的两面夹攻。英法会据守马其诺防线并且资助德国。美国这个"日本的兵工厂"也会反对苏联。而签订条约后，红色的苏联不用同整个世界开战了。

斯大林对丘吉尔说过，他在1939年的夏天时决定苏联不能被英法骗到单独对德国作战的不利局面中去。如果同英法结成同盟的希望无法实现，就转而联合德国。

丘吉尔不得不承认："苏联与德国做交易，固然令人反感，但在当时是最有利于苏联的。斯大林优先考虑的是苏联的战略安全。"

苏波之间的关系一直不是很好，在8月25日战争爆发前夕，苏联同英法进行军事会谈时，波兰报纸和波兰人民不停地说，波兰不要苏联人的帮助。

苏联政府认为，为了把苏联的帮助给予波兰，苏联就必须先征服它吗？还是苏联应跪下来乞求把帮助献给波兰？这两种立场苏联都办不到。而对于苏联瓜分波兰的另一种解释是，面对第二次世界大战爆发的世界局势，苏联采取了一系列加强国防的行动，而其中对波兰的出兵即是为了建立"南方战线"。

首先提出瓜分波兰的，并不是直接进行攻击的德国，而是从波兰背后突施冷箭的苏联。苏联政府认为，留下一个残存的波兰是一个错误的选择，容易在苏德两国间造成摩擦。最好的办法是从分界线以东，一直延伸到布格河为止的整个华沙省划归德国所有，剩下的领土划归苏联。

希特勒与苏联政府达成交易后，主要担心的是苏联不去瓜分波兰的领土。1939年9月1日，德国入侵波兰，第二次世界大战爆发。德军进入波兰两天后，希特勒就开始催促苏联进军了。

★德国拉波兰入伙

1934年1月，德国同波兰签订了《德波互不侵犯条约》。波兰政府认为，《德波互不侵犯条约》签订后，波兰可以不再依赖法国，执行独立的外交政策，并借助德国的工业来增强波兰的国防力量。

苏联怀疑《德波互不侵犯条约》中隐藏着反苏的秘密条款，说不定哪天波兰会同希特勒一道攻打苏联。希特勒一是想使波兰充当德国侵略苏联的小伙计，二是想使波兰成为德国进攻西欧时免遭苏联攻击的盾牌。这与波兰在德苏之间保持中立的立场完全不相容。

1936年8月底9月初，德国派海尔曼·冯·劳默以私人身份来到波兰，建议波兰加入反共公约。波兰人知道，一旦波兰投靠德国反对苏联，就会沦为德国的附庸国，听由德国摆布，因此以种种借口推诿。

德国始终把波兰看成"季节性"国家，波兰的存在对德国来说是不能容忍的。消灭波兰成为德国历届政府的基本政策。德国要求波兰归还但泽，并彻底解决波兰走廊问题，遭到波兰的拒绝。希特勒警告波兰必须认清波兰不能在苏联和德国之间采取中间道路，如果波兰不同德国进行合作，总有一天华沙会出现马克思主义的政府。

波兰连忙向英国寻求支持，英国张伯伦政府也想争取波兰加入反德阵营。面对德军咄咄逼人的攻势，苏联积极谋求为波兰的安全负责，以便把波兰作为对付德军的盾牌，但波兰仍然奉行中立政策，拒绝与苏联合作。

纳粹德国一面宣称要消灭社会主义苏联，一面加紧扩军备战，企图向东欧各国侵略扩张。面对德国的行径，英法等国一味忍让，同时还希望德国会停止扩张，执行所谓的绥靖政策。

张伯伦主张推动德国与苏联交战，这样既能消灭苏联，也能削弱德国。丘吉尔却到处演讲说，德国是英国最大的威胁。

德意日的勾结

1931 年，日本发动侵略中国的"九·一八"事变，占领中国东北地区并建立伪满洲国，日本开始受到英法美等国的一致谴责和反对。

1933 年，日本退出英法两国操纵的国际联盟。日本在国际上变

图为日本外相松冈洋右（左）与希特勒握手

得更加孤立。在十分不利的局势下，日本理所当然地想到了与英法有矛盾的两个极富侵略性的国家——德国和意大利。

希特勒一向反对共产主义。自从 1919 年以来，希特勒就大谈德国为"反共堡垒"的理论。在西班牙内战爆发后，希特勒呼吁欧洲各国以反共为共同目标。从某种意义上说，苏联是社会主义大国，反共必须反苏。而日本始终视苏联为假想敌之一，而且在各方面都向德国学习，对德国的国力过于高估。这些因素都构成了德日合作的基础。当德国提出与日本结盟的要求时，很快得到日本的赞同。

希特勒安排里宾特洛甫与日本谈判，当时他还没任外交部长，而是德国驻英大使。经过里宾特洛甫几个月的外交努力，德日两国于 1936 年签署了《反共公约》。

1937 年 11 月 6 日，意大利、德国和日本签署《关于意大利加入德日反共产国际协定的议定书》。这一协定书的签署，代表德意日轴心国的形成。《反共产国际协定》未规定三国之间承担的军事义务。

随着德国、日本和意大利在经济、军事和版图上的扩大，他们对外侵略扩张的野心也越来越大。但三国中没有一个国家能单独称霸世界。出于对抗英法美的需要，德意日三国都认为应该把《反共产国际协定》这一政治同盟变为军事同盟。

1938 年 1 月 2 日，德国外长里宾特洛甫向希特勒提议，建议德国与日意结成军事同盟，以牵制英国。不久，里宾特洛甫找到日本驻德陆军武官大岛浩少将，向日本建议缔结针对苏联、英国和法国的军事同盟条约。为了争取日本的支持，2 月，德国停止向中国出

售武器，并承认伪满洲国。7月，德国召回在华军事顾问。

9月29日，希特勒亲自赶到德奥边境的库夫施泰因迎接墨索里尼。在开往慕尼黑的火车上，希特勒对墨索里尼说："早晚有一天德意要并肩向英国和法国开战。"墨索里尼表示同意。希特勒还把德日意军事同盟条约草案交给墨索里尼。

10月28日，里宾特洛甫访问罗马，目的是劝墨索里尼同意三国军事同盟条约。墨索里尼表示，不能缔结防御同盟，要缔结足以瓜分世界的同盟。里宾特洛甫表示同意，说德国将使地中海变成"意大利海"。

1939年1月1日，墨索里尼对意大利外交大臣齐亚诺说，他决定接受德国关于把三国《反共产国际协定》变成军事同盟条约，并希望在1月签署条约。希特勒对墨索里尼的态度表示欢迎。

1月6日，德国向意大利和日本再次提出三国同盟方案。这时，日军占领武汉和广州。1月14日，英法两国声明将捍卫两国的在华利益，日本和英法矛盾加剧。

1月19日，日本五相会议通过外相提出的以下方案：三国同盟针对苏联，但根据情况也针对"第三国"；军事援助及援助的程度将视情况而定，这只是反共产国际条约的延伸。德国和意大利不同意日本政府的方案，谈判陷入僵局。

德国吞并捷克斯洛伐克后，欧洲局势日益紧张。1939年4月，英法苏三国频频谈判。日本政府担心，一旦英法苏结盟成功，而日本的处境将会更加不利。同时，德国也可能与苏联结盟向日本施压。

5月14日，日本首相平沼其一郎致函希特勒和墨索里尼，表示即使德国遭到苏联以外的国家攻击。日本也给予政治、经济和军事援助。但他以日本战争准备不足，拒绝一旦德国与西方国家交战就立即给予支援。

德日双方的合作关系发展很慢，主要是两国在地理上的距离太远，两国的接触较少，两国各自忙于侵略战争。但在里宾特洛甫的努力下，三国于 1940 年 9 月签署《三国公约》（《三国轴心协定》），

希特勒访问意大利。左一为墨索里尼

又称《柏林公约》，有效期10年。到第二年6月，匈牙利、罗马尼亚、斯洛伐克、保加利亚和克罗地亚等国家也先后加入。

《三国公约》中的第三条规定"签约国中任何一方若受未参加欧战及中日冲突的任何他国攻击时，三国应用一切手段互相支援。"所谓"任何他国"，即苏联或美国。

日本之所以愿意签署《三国公约》，是因为1940年9月德国在欧洲大陆取得了一系列的胜利。日本希望缓和日苏冲突，以尽快征服中国；解决美日石油危机，日本对德国的期望很高，希望通过德国威慑美英，使美英解除对日本的封锁。

在谈判时，德日意三国达成协议：三国都不希望美国干预战争；不要求日本向英国宣战；设法使苏联参加三国公约，并由德国促进日苏合作。

希特勒正在做瓜分大英帝国、重划世界版图的美梦，利用日本做榜样以引诱苏联入伙。在《三国公约》签署后，里宾特洛甫立即访问苏联。

里宾特洛甫劝斯大林与德意日结盟，并对德意日苏四国的势力范围作出划分：欧洲和中非洲归德国；北非和东北非归意大利；东亚归日本；波斯湾和印度洋方向地区归苏联。

如果苏联接受德国的划分计划，则使苏联放弃欧洲、巴尔干、地中海，而改向波斯湾和印度洋，避免与德意两国冲突。

为拉拢斯大林，里宾特洛甫表示德国将帮助促成日苏互不侵略条约，说服日本承认苏联在蒙古、中国新疆和库页岛的势力范围。但斯大林不放心德国，更不放心日本，拒绝合作。

1941年3月底，日本外相松冈访问柏林，与希特勒和里宾特洛甫会谈。希特勒希望日本尽快向英国宣战。希特勒对松冈说："欧战结束了，英国迟早会投降。日本如果这时攻击新加坡，则可促使英国尽早投降，也对日本在东亚的利益有好处。"

希特勒害怕日本不能保密，因此不肯告诉日本德国准备侵苏。他深信德军能打败苏军，不需要日本的帮助，只想利用日本牵制英国和美国。

1941 年 6 月 22 日，德国向苏联开战，日本政府视为奇耻大辱。一向亲德的松冈外相被迫下台。因此，日本于 1941 年 12 月 7 日发动太平洋战争前也不肯告诉德国。

12 月 11 日，德日意三国签署一项不单独媾和协定。

为防止日本入侵，苏联在远东布署大量军队。图为在远东驻守的苏军士兵

1942年1月18日，三国军方又签署一项军事协定，内容空泛。

从《反共协定》到《德意日三国同盟条约》再到《德意日联合作战协定》，三国勾结紧密，如果它们能有效地协调战略和行动，综合利用战争资源，三国对世界的危害将更大。事实上，由于三国自私和贪婪的阴暗心理，三国始终没有真正合作。

德国要建立欧洲新秩序，必然会先对付英法，再对付苏联，便可震慑美国。德国一直劝日本进攻香港和新加坡，6月22日后又劝日本和中国国民党联手反苏。但日本却一直不听德国的指挥，日本关东军在满洲只举行了一次演习，以震慑苏联，防止苏联干预中日战争。日本利用苏德全力相搏之机，加紧侵华战争。

日本一心要建立大东亚新秩序，把向南方海洋发展定为根本国策，根本不想瓜分苏联，因为苏联红军对他们来说过于强大。为了向南方海洋发展，日本提高海军军备以对抗美国海军，确保西太平洋的制海权。

斯大林得到日本放弃"北进侵苏"的秘密情报后，立即从远东地区调全国最精锐的西伯利亚军团到西部参战，在莫斯科保卫战中打败了德国。

另外，三国结盟尽管以条约为纽带，但其本身过程充满矛盾。在《反共协定》签署以前，日本认为与德国签订的应是不担负过多义务的政治协定。

德国主张《反共协定》公开发表，日本担心此举影响日英关系，同时日苏渔业协定期满有待续订，日本担心公开发表《反共协定》会恶化日苏关系。

后来日本向德国作出让步，但要求在措辞上不刺激苏联。意大利要求加入《反共协定》时，日本并不积极，因为日本害怕卷入欧洲战争，怕影响日本与英法的关系。意大利加入《反共协定》时，并不清楚德日协定的秘密。而意大利担心大战期间，德国顶不住英法苏的压力，意大利自身实力有限，无法应付战争负担。

日本只想让德国在欧洲牵制苏联，自己在中国东北对苏联进行军事震慑，以便集中兵力侵华。还可虚张声势震慑英法美，伺机南下侵略东南亚和太平洋地区。

可见，轴心国缺少重大战略协同，除了德国在欧洲战场驱使几个仆从国接受以德为主的战略外，轴心国打的是一场有联盟之名而无联盟战略的战争。

★德国成为反共堡垒

俄国十月革命后，国际关系中出现了资本主义与社会主义两种社会制度的对立。英法美等西方资本主义国家为了阻止社会主义的蔓延，把德国当成反社会主义的堡垒。当德国建立法西斯政权后，英法美等国努力把德国这个祸水引向苏联。

面对新生的社会主义大国苏联的迅速崛起，资本主义国家极度恐慌。无产阶级运动一旦席卷全世界，英国就会失去许多殖民地，甚至连英国本土都会受到威胁。积极反苏反共是英法美三国政府在政治上考虑的重要问题。

由于德国特殊的地理位置，使得德国成为反苏的堡垒。再加上德国法西斯主义与苏联的社会主义是死对头，德国成了欧洲反苏的前线。

1939 年，德国向东欧扩张，英国欣喜若狂，纳粹德国帮了欧洲

一个大忙。英国认为：法西斯主义是摧毁社会主义最有效的工具。如果把法西斯德国这股祸水引向苏联，使苏德爆发大战，在战争中两败俱伤，那么英国就可以渔翁得利。

对于德意日轴心国的成立，英国更是欣喜若狂，在英国看来，联系三国的纽带是《反共产国际协定》，就是说苏联将面临来自德日意三个强国的挑战。

《慕尼黑协定》签订后，张伯伦首相说："如果绥靖真的成功了，就没有一个国家能完全控制欧洲了，因而也不能向英国的全球霸权提出挑战了。"

炮击张鼓峰

希特勒在欧洲四处侵略的时候，苏联也在密切注视着世界形势。苏联西边有德国的威胁，在欧洲，有英法长期的敌对，而远东日本政府发动侵华战争，妄图进攻苏联，南进南洋，称霸世界。

侵略中国东北的日本关东军

在亚洲，日本在中国东北集结 100 多万关东军，扬言要灭亡苏联。1936-1938 年，日军共挑起 231 起边界冲突，其中 35 起变成严重军事冲突。

日本侵占俄国的野心自古就有。1904 年，日俄为了争夺中国东北爆发的日俄战争，俄国战败。日本占领中国东北部分领土，俄国向日本割让南库页岛，还失去苦心经营的太平洋唯一的不冻港——旅顺港。

1907 年，日本国会通过《帝国之国防方针》，把俄国视为头等大敌。1918 年 6 月，日本将苏联称为"假想之敌国"。苏维埃政府成立以后，苏联在远东地区的势力急剧收缩。日本对苏维埃共和国进行了武装干涉，并强占苏联远东地区大片领土。不久，日军被苏联红军赶出国境。

从此，苏联和日本的关系越来越紧张。关于中国问题，列宁许诺要将沙俄时代强占的中国领土和租界归还中国。斯大林上台后，立即收回列宁的承诺。1921 年，唐努乌梁海脱离中国，被苏联控制。1921 年，外蒙古脱离中国，1924 年成立蒙古人民共和国，并被苏联控制。

1931 年，日军侵略中国东北时，苏联宣布保持中立。日本的战略计划是：先吞并中国，再入侵苏联。当时的关东军参谋长东条英机在 1936 年 6 月给日本参谋部的一封电报中说："应以我们的武力首先攻打南京，消除后方的威胁。"

英法等西方国家一直怂恿日本侵略苏联。在日本政府内部，战略目标意见分歧很大。日军大本营决定向苏联发动一场有限的试探性战争。

斯大林政府密切关注远东局势，相应地加强了远东的防御力量。但斯大林不想西与德国、东与日本两线作战。苏联政府曾经多次向日本政府提出缔结日苏互不侵犯条约的建议，都遭到日本政府的严辞拒绝。

1937 年中日战争正式开始后，中国向国际求援。苏联想靠中国牵制日本，《中苏互不侵犯条约》签署后，苏联成为中国抗日战争的主要援助国。苏联派航空兵参加了中国抗战。

1938 年 6 月底，苏军进驻张鼓峰要地，在山上修建工事，设置铁丝网。当时，日本已将中国东北划为"满洲国"，将朝鲜作为殖民地。日本发现，苏军占领张鼓峰等地控制着通往朝鲜和中国东北的战略要地。当时，日军主力正准备攻打武汉。

日本政府命令日本关东军进入一级战备状态，同时派日本驻苏大使重光葵向苏联提出强烈抗议。苏联政府不同意从张鼓峰撤军，重光葵的外交努力失败，日本政府决定夺取张鼓峰。为避免使日苏战争影响日本在中国的战局，日本政府命令驻朝鲜日军进攻张鼓峰。

徐州会战结束后，日本军部就制定了攻打武汉的作战计划。日本军部下令各部于 1938 年 6 月底前完成集结，并于 8 月占领武汉。日本军部要求日军消灭中国军队主力，但由于发生了张鼓峰事件，日军推迟了武汉战役的时间表。当时，中国军队一直没有看清日军的进攻意图。

"张鼓峰事件"是 1938 年 7 月末 8 月初，日苏两军争夺张鼓峰高地和沙草峰高地的事件。

张鼓峰高地位于朝鲜、苏联和中国交界处。图们江从张鼓峰高

图为一辆日本关东军的坦克。与同时期苏联坦克相比，其火炮威力、装甲防护、机动性能都相差很远。

地附近经过。根据1858年《中俄瑷珲条约》，张鼓峰属于中国领土。但苏日两国为争夺此地而爆发军事冲突，中国却因正受日本侵略而无暇顾及。

张鼓峰海拔155.1米，苏联称其为哈桑湖高地。张鼓峰的东边和北边是苏联的哈桑湖和波谢特草原，西北与沙草峰相连，西南与海拔141.2米的高地相望，南边是中国的防川村。沙草峰在张鼓峰西边2公里处，属于中国，海拔77.1米。

　　从朝鲜罗津到吉林珲春的东边有个小湖泊——长湖，冬季长达8个月，一年中有200多天覆盖着冰雪。每年4月后，长湖成为黑天鹅和丹顶鹤的家园。长湖附近长满东北美人松，往东是一望无际的草原。

　　1938年7月，日本政府照会苏联政府，声称中苏边境线绕过哈桑湖，而且每年清明，中国朝鲜族都上张鼓峰扫墓，可见哈桑湖是"满洲国"领土。日本对哈桑湖一带提出领土要求，苏联政府以中国不属于日本为由，拒绝日本提出的领土要求。

　　早在1938年2月，日军就开始了对苏作战准备，并提出所用

战壕里的苏军士兵

强大的苏军装甲部队

跟在坦克后行动的苏军士兵

军费最好从中国战争军费中支出。苏军占领张鼓峰后，日本军部派参谋到张鼓峰现场视察。日本陆军以战线扩大为由，向日本政府提出庞大的临时军费，以组建51个师团。4年半时间，日本军费已经增加至6万亿日元以上，其中一半消耗在中国战场，另一半用来扩充军备，包括对苏作战费用。

日本陆军部命令靠近张鼓峰的朝鲜军第十九师团（指挥官尾高龟藏中将）准备出战。当时，第十九师团驻扎在朝鲜北部，其任务是随时进攻苏联。

日本陆军部称："在如此狭窄的地带，难以出动大军，因此不会形成大规模的战争。即使十九师团覆灭也没有关系，这正是威慑苏联的好时机。"可见，第十九师团的官兵将成为牺牲品。

日本海军反对陆军的做法，认为武汉作战需要大量兵员，因此要避免同苏联玩危险游戏。陆军大臣板垣和参谋总长闲院宫不听海军劝告，他们决定打一场有限的战争。

宫内大臣汤浅对日本天皇说："从大局上看，目前不应向苏联开战。"

天皇问："就算我不同意，陆军仍独断专行！"

汤浅说："一旦开战就容易失控，如果引起大战，日本的命运实在令人担忧。"

天皇说："不到失控的地步，陆军是不肯罢手的。"天皇摆出旁观者的姿态，听任陆军一意孤行。元老西园寺认为，天皇的做法似乎很不明智。他认为天皇应该坚决不予批准对苏作战。一旦日本对苏联出兵，将会引起大战，近卫首相最好引咎辞职。

板垣和闲院宫进宫奏事，侍从武官长宇佐美向他们转达了天皇

的旨意，他说："如果为了奏请对苏出兵而来，陛下不会赞同的。"

经过板垣和闲院宫再三请求，天皇接见了两人。天皇问他们："你们跟有关大臣商量好了吗？"板垣说："外务大臣宇垣和海军大臣米内都赞成对苏作战。"

天皇早已知道外务大臣宇垣和海军大臣反对出兵。因此十分生气地说："陆军太过分了。今后没有朕的命令，不能对苏作战。"

外务大臣宇垣向天皇奏请和苏联和平谈判的第二天，闲院宫再次入宫见天皇，请求批准对苏作战。天皇把闲院宫的奏折扣下，并未批复。闲院宫上奏的内容为："派朝鲜军师团和关东军的两三个师团进驻'满洲国'东部边境。"

日本关东军坦克兵

日本关东军士兵

日军运输队

闲院宫还在奏折末尾的"备考"中写道："关于今后这几个部队的调动，请陛下委任参谋总长负责。"

若天皇批准奏折，那么对苏作战等权限将交给参谋总长，从而剥夺了天皇的权力。如此重大的权力变动竟没有写入正文，而写在"备考"中。闲院宫是想用障眼法骗取天皇批准。

外务大臣宇垣听说后，对天皇说："陛下没有批准，太英明了。陆军竟企图夺取天皇的统帅权，请天皇谨慎从事。"

日本大本营命令日军自张鼓峰地区撤退，但第十九师团长尾高依据《军队内务令》拒不撤军。

7月15日，3名日本兵身穿朝鲜族服装，拿着照相机和望远镜，进入苏联境内。他们绘制和拍摄苏联的边境工事，很快，苏军士兵潜伏到离3人100米处，突然开枪打死1人，2人逃跑。

日本政府照会苏联政府，要求苏联立即从张鼓峰地区撤兵。苏联拒绝，并声称日军违约在先，苏军才被迫还击。日本恐吓苏联，说如果苏军不撤兵会采取军事行动。苏联政府不予答复。

7月16日，日本大本营陆军部向驻朝鲜日军下达向苏朝边境集结的命令。对此，苏联外交部宣称，日本的任何威胁都不会吓倒苏联。

与此同时，苏军加紧向前线调兵。苏军加紧在张鼓峰和沙草峰修筑工事，同时向前线运送大批作战物资。

7月29日，10名苏军士兵正在张鼓峰以北两公里处修建工事。日军第十九师团长尾高命令佐藤联队出击，苏军坦克随即反击。7月31日深夜，在猛烈的炮火和部分装甲车、飞机的配合下，日军经过3天的战斗夺取张鼓峰。苏军被驱赶到乌苏里斯克，日军暂时获得胜利。

尾高没有向日本大本营报告就擅自出兵攻占张鼓峰，完全违背了天皇的命令。但天皇看了参谋次长多田骏的报告后，高兴地默认了事态的发展，向多田骏表示满意。天皇下令说："战争已经爆发，说什么也于事无补。希望前线将士守好边界，千万不要进攻苏联！"

一旦事态的发展有利于日本，天皇就会纵容日本陆军，这是天皇自满洲事变以来的一贯政策。日本陆军早就看透了天皇的这种政策。天皇看到既然已取胜，无意恢复原状。只要不与苏联爆发大战，天皇就不会干预。天皇的态度助长了日本陆军的气焰。

由于天皇的支持，日本大本营默认了尾高的军事行动。日本原本还担心苏军难以对付，但苏军竟节节败退。这让日军十分兴奋，他们以为苏军的战斗力也不过如此。

8月1日凌晨，苏联远东第一集团军苏可洛夫将军率领两个甲种师共2万多人，配属近百门大炮、200多辆坦克、上百架新型飞机，开始了大反攻。

正在睡觉的日军忽然被轰炸机群的轰鸣声惊醒了。未等日军进入阵地，俯冲而至的轰炸机群扔下了雨点般的炸弹。远处苏军怒吼着的火炮喷出了一颗颗炮弹，砸向日军阵地。飞机轰炸和火炮轰击刚刚过去，在一望无际的大草原上，200多辆苏军坦克排成几百米宽，快速向日军阵地扑来。

苏军坦克发动机喷出的滚滚浓烟就像一个个巨大的怪物，坦克履带碾压着的草地不停地抖动。坦克炮和坦克机关枪使日军阵地变成火海，接着沉重的苏军坦克在日军阵地上撞来撞去。

一些日军士兵全身绑满了手榴弹和炸药包，扑向坦克，他们想

跟坦克同归于尽。但苏军坦克的防御力很强，苏军以绝对优势将阵地上的日军士兵消灭。

8月2日，苏军装甲部队又发起进攻。日军全力坚守防线，伤亡较大。6日，苏军再次发起进攻，日军伤亡超过1400人。日本陆军公布的损失数字少得多，他们惯用的伎俩是夸大敌方的损失，缩小日军的损失。

日本大本营担心第十九师团会覆灭，想调日军主力进驻"满洲边境"牵制苏联。但此时日军陷入中国战争的泥沼，没有多余的兵力扩大对苏作战。日本大本营最后放弃扩大战争的计划。

通过张鼓峰事件，日本明白了苏联政府的方针："若苏联遭到入侵，将不断投入兵力。"日本有了深刻的体会，就是如果日本不投入大量兵力会遭受重大损失；如果以儿戏般的兵力挑战苏军，那就难以取胜，损失肯定会大。

张鼓峰事件一共只有5天，日本第十九师团便全军覆没。陆军大臣板垣奏请天皇，防止苏联进一步进攻，向张鼓峰调兵。天皇严厉地训斥了板垣。他最关心的是中国的战争，而不愿意与苏联爆发大战，毕竟苏军太强大了。

经过多轮谈判，日苏于8月10日在莫斯科签订《张鼓峰停战协定》。协议规定，双方于8月11日12时停止军事行动，双方在张鼓峰北坡阵地上各向后撤退80米，作为警戒线，日军把山岭地带还给苏军。

8月12日，苏联对外宣布："苏军远东第一集团军歼灭日本侵略军8000多人，击落日机24架，摧毁日军坦克47辆。苏联决心捍卫苏联领土的完整……"而日本则对外宣布损失了1400多人。

8月13日，日苏两军在张鼓峰东南坡交换尸体。不久，日军强行驱赶洋馆坪、桧忠源、沙草坪、防川村的140多户中国居民，使那里变成无人区。日军在防川村附近的图们江上立桩堵江，封锁了出海的航道。

在张鼓峰事件中，日军损失惨重。苏联的胜利是在绝对优势兵力的情况下取得的，因为正在发动武汉会战的日军始终比较谨慎，在苏军大举反攻时并未增兵扩大战争。

远东苏军用一个集团军的强大兵力，在坦克和飞机支援下，未能完全占领第十九师团的第三十八旅团防守的张鼓峰阵地，引起了日军对苏军战斗力的蔑视。大本营并未追究第十九师团长尾高的责任，反而提升他为军司令。

斯大林在战后也对参战将士论功行赏。苏军第四十师师长获得列宁勋章，而苏联远东军司令布留赫尔元帅没有获得任何奖励。8月18日，布留赫尔元帅因被指控为"日本特务"而被革职。10月下旬，布留赫尔被逮捕，11月下旬被处决，成为张鼓峰事件的替罪羊。

1939年4月25日，日本关东军司令植田谦吉大将发布《满苏边境纠纷处理纲要》："下次再遇到类似边境冲突应学习第十九师团步兵第三十八旅团，应造成既成事实迫使苏联承认我国的领土要求。"

日本关东军在中苏边境组建第二十四野战师团、第二十三国境警戒师团，兵力大大增强。

苏联政府检讨了苏军在张鼓峰事件中暴露出的问题，解散了苏联远东军，改编成2个特别集团军。

11月，苏联国防人民委员伏罗希洛夫在总结张鼓峰战役时，指出了苏军的种种不足。不久，苏联总军事委员会采取一系列重大措施，以改善远东军队的状况，为日后的诺门坎战役的胜利奠定了基础。

★ 1904年的日俄战争

1895年，日本在中日甲午战争中取胜。日本逼清政府签署《马关条约》，其中规定将辽东半岛割给日本。沙俄认为日本是在抢俄国的殖民地，联合法国、德国出面干涉，日本被迫向清政府归还了辽东半岛。从此，日本对俄国怀恨在心。

后来，日本制定大陆政策，想吞并朝鲜和中国，称霸东亚。1900年，俄国出兵占领中国东北，同时俄国也想独占朝鲜。1902年，为抑制俄国在远东地区扩张，英国与日本缔结同盟。德国为了对付俄国，竭力劝说日本向俄国开战。美国为了卖军火，也劝说日本向俄国开战。

为了抑制德国和英国，法国开始支持俄国，对抗英日同盟。在各列强推波助澜下，日俄双方大肆扩军备战，准备决一死战。

在英、美、德的怂恿下，1904年2月8日夜晚，日军偷袭停在中国旅顺港的俄国舰队，日俄战争爆发。俄军数量远超日军，但俄国的战争准备还没有完成，军事装备落后，后方补给线太长，军事指挥无能，致使俄军在日俄战争中不断失败。

1904年4月至8月，日本海军将俄国太平洋舰队围困在旅顺港内。8月10日，日本海军在黄海激战中大败突围的俄国太平洋舰队，使它几乎被全歼。同时，日本陆军在朝鲜和辽东半岛登陆成功，日军攻打沈阳和旅顺。8月下旬，日俄双方在辽阳决战，日军大获全胜。9月4日，日军攻克辽阳。1905年1月2日，近5万名俄国海陆军在旅顺口被迫投降。3月，在35万日军的疯狂进攻下，50万俄军逃出沈阳。5月27日，俄国波罗的海舰队绕道非洲好望角，航行1.8万海里后到达对马海峡。波罗的海舰队与日海军决战。结果，波罗的海舰队35艘战舰被歼，只有3艘战舰突围。

日俄战争时期的日本军官

　　沙皇政府无力再战，同时战争的惨败引起了俄国资产阶级革命。沙皇政府为了镇压资产阶级革命，向日本求和。这时，日本也财力耗尽，急于停战。1905年9月5日，在美国的调停下，日俄签订《朴次茅斯和约》。日本得到中国辽东半岛和俄国库页岛南部，还得到朝鲜。日俄战争暴露了沙皇俄国的腐朽，并使俄国一蹶不振。日俄战争、美西战争和英布战争是资本主义进入帝国主义的历史标志。

激战诺门坎

1921 年，外蒙古脱离中国，宣布成立蒙古国。"满洲国"与蒙古国相邻，分别由日军和苏军驻扎，双方在很多地段存在领土纠纷。

1939 年 5 月 11 日，在诺门坎地区哈拉哈河岸，外蒙军与伪满洲国军发生了军事冲突。

5 月 13 日，驻防海拉尔的日军第二十三师团向日本关东军司令部报告此事。根据《满苏边境纠纷处理纲要》，日本关东军司令部命令第二十三师团师团长小松原中将出兵。日军第二十三师团向诺门坎出动一个骑兵联队的援军，联队长是东八百藏，外蒙军被迫撤退。

日军第二十三师团参战时属于二流师团，一流师团大多用在中国其他战场上。这个师团于 1938 年开始组建，经过短短 1 个月的军事训练后仓促派到中国。大部分士兵都是第一年或者第二年服役，士兵们来自日本南方。

日本大本营组建第二十三师团时，本来打算将它用来驻防中国内地占领区。但日本大本营后来考虑到关东军的要求，最后派它驻防黑龙江省。参战时，第二十三师团仍在编建之中，难以应付重大的战事。

苏联根据 1936 年签订的《苏蒙友好互助条约》出兵参战。1939 年 5 月 22 日至 24 日，日军航空兵与苏联远东空军交战。苏空军受

日本关东军的骑兵

大清洗等因素的影响而战败，日军航空兵夺取了制空权。

5月28日，东八百藏率骑兵联队偷袭外蒙军骑兵第六师师部，外蒙军骑兵第六师师长沙日布战死。不久，日本骑兵联队遭到苏军和外蒙军余部的围攻。5月29日，日本骑兵联队被消灭。

5月29日，日军第二十三师团步兵第六十四联队（联队长山县武光）占领742高地，日军加紧构建工事。苏蒙联军消灭东八百藏的骑兵联队后，开始围攻742高地。

6月7日，日军第二十三师团步兵第六十四联队伤亡惨重，奉命撤退，归队时仅剩400人。

至此，双方战果大致持平。之后，日军第二十三师团得到大量装备和人员补充。

6月19日，第二十三师团向日本关东军司令部发出"捷报"，声称获得重大战果。关东军司令植田谦吉立即上报给日本大本营。不久，日本关东军司令部收到大本营的"参字547号电"，大本营向关东军暗示可扩大战果。

6月20日，植田谦吉向"满州国"内的日本关东军发布集结令。他派第二十三师团和第七师团的二十六联队及二十八联队的一个加强大队驻扎在诺门坎一带。他将第二飞行集团调往海拉尔，又将关东军唯一的装甲部队第一坦克师团调到诺门坎一带，专门对付苏军装甲部队。他还想从中国内地调兵，但被侵华战争拖住了。

6月21日，嵯峨彻二中将带领日军第二飞行集团总部飞抵海拉尔机场。接着，第七、九、十二、十五飞行旅团先后飞抵机场。

6月22日，在哈拉哈河上空，日军120架战斗机与苏军的95架战斗机展开激战，日军战斗机被击落30架，苏军未对外公布损

失情况。

6月27日，日军出动137架飞机偷袭蒙古的塔木斯克机场，苏联远东空军损失惨重。

6月29日，日军第一装甲师团（第三、四坦克联队）赶到诺门坎前线，第二十三师团的六十四、七十一、七十二联队，第六十四骑兵联队残部，第七师团第二十六联队、第二十八联队的一个加强大队，独立野炮第一联队和野炮第十三联队，日军工兵第二十三、二十四联队，还有一个汽车联队都相继到达前线。日

调往远东前线的苏军

军拥有大炮 212 门，反坦克炮 128 门、山炮 24 门、野战炮 36 门、
90 式野战炮 24 门，飞机 180 架，坦克 82 辆，装甲车 26 辆，汽车
400 辆。

苏联也在加紧备战。1939 年 6 月 1 日，朱可夫将军奉命赴莫斯
科报到。6 月 2 日，朱可夫来到苏联国防人民委员会，伏罗希洛夫
元帅向他宣布调令，调任第五十七特别军军长。

6 月 5 日，朱可夫赶到该军军部，听取了军区委员会的战报。6
月 8 日，国防人民委员会发布命令，解除第五十七特别军军长费克
连科的职务，由朱可夫继任。

在认真研究和分析前线形势后，朱可夫向国防委员会递交一份
急报："第五十七特别军的兵力难以阻挡日军的进攻，尤其是日军很
可能同时在其他方向发动进攻。请求增加兵力固守哈拉哈河东岸的
登陆场，同时做好从纵深进行反突击的作战准备。"

很快，国防人民委员会完全同意朱可夫的行动计划。朱可夫还
向国防委员会请求增援不少于 3 个步兵师和 1 个坦克旅的兵力，以
及增援炮兵和航空兵。国防委员会同意满足朱可夫的要求。在增派
的空军中，包括 21 名苏联王牌飞行员，由白俄罗斯军区著名飞行
员斯穆什克维奇领队，同时还投入了最先进的 N-16 和欧型飞机。

6 月 22 日，实力大增的苏联远东空军与日军航空兵战成平手。
随着后方源源不断地充实远东空军，远东空军的实力逐渐超过了日
军航空兵。

6 月 27 日，日军 100 多架飞机空袭远东苏军的 3 个机场，事后
日军向关东军司令部报告击落了 99 架苏机，击毁地面苏机 25 架。

7 月 1 日，空战一直在进行，但苏联空军仍没能夺取制空权。

开往远东前线的苏军坦克

7月2日，日本陆军发起大规模攻势，而朱可夫要求的增援还未到达。

日军总指挥小松原制定了两岸夹攻苏蒙联军的战略方案：一路日军第七师团的第二十六、二十八联队从哈拉哈河上游渡河，攻打西岸哈玛尔达巴山，占领山上的苏蒙联军的炮兵阵地，然后炮轰哈拉哈河东岸的苏蒙联军阵地。另一路日军第二十三师团和第一坦克师团以及"满洲国"兴安骑兵师，进攻哈拉哈河东岸的苏蒙联军，两路日军形成夹攻之势。

7月3日凌晨，日军第二十六、二十八联队，在小松原率领下偷渡哈勒欣河，攻打巴英查岗山。上午，日军攻占巴英查岗山及其附近地区，外蒙军骑兵第六师退守巴英查岗山西北地区。

朱可夫接到外蒙军的报告后立即赶赴巴英查岗山地区，他派出侦察群后，命令炮兵第一八五团的重炮营炮轰日军集结地。他派河东岸的摩托装甲第九旅的炮兵炮轰巴英查岗山上的日军，又派苏军飞机全部起飞轰炸日军。

10点45分，苏蒙联军展开了反攻。苏军飞机轰炸了日军通过的浮桥和桥头阵地，而苏军装甲部队起到了关键作用。日军没有料到如此少的苏军还敢反攻，日本的反坦克火炮摧毁了近百辆苏军装甲车和坦克。但又有几百辆苏军坦克和装甲车滚滚扑来，日军伤亡惨重。中午，苏军装甲部队插入日军防线。苏军装甲部队一部绕到渡口处的日军第七师团二十六联队附近，切断日军的补给线。苏军装甲部队一部击溃日军第二十八联队，小松原刚要切腹自杀时，一小队携带反坦克炮的日军炮兵暂时缓解了防线的压力，该小队炮兵最后仅剩6人，小松原率残部撤到山上。

朱可夫（右中）与远东前线的苏军士兵在一起

　　负责正面进攻的日军第二十三师团和第一坦克师团在安冈中将率领下，分左、右两路进攻。两路日军快速推进，但到第三道防线时遭到苏军火炮的阻拦。日军坦克和步兵联队被苏军分割，日军始终无法突破苏蒙联军的第三道防线。

　　7月4日，被困在山上的小松原率残部组织的反攻均被苏军击退。5日下午，苏军夺回巴英查岗山头。小松原率残部逃回对岸和安冈会合。

　　7月7日，空战再次进入高潮。朱可夫派人加紧修筑河岸工事，焦急地等待援军到来。当时，日军仍在兵力上占有绝对优势。苏蒙联军损失惨重，若不是靠几百辆装甲车和坦克，苏蒙联军早已被击溃。

朱可夫连续击退日军于 8、9、10 日的猛攻。之后，日军再也消耗不起兵力和弹药，开始休整。

7 月 15 日，苏军援兵全部赶到。第五十七特别军整编为第一集团军，朱可夫出任司令员。第一集团军下辖第三十六师、第五十七师、第八十二师，装甲部队有第十一坦克旅，第七、八、九摩托装甲旅，第二一二空降兵旅。

7 月 23 日，得到补充的日军集中 80 多门重炮发射了 15000 多发炮弹，日军想压制苏军的炮火。不料，苏军报之以更加猛烈的炮

苏军士兵展示缴获的日本国旗

击。苏军用了半个多月的时间修建了纵深3公里的坚固工事。日军进攻部队遇到了苏军装甲部队的强大阻力，一直没有占到便宜。

日军进攻好几天，无法对付苏军的坦克和大炮，终于明白了苏军重装甲坦克、大火炮的威力。后来，日军被迫停下来修筑防御工事，准备打持久战。

8月12日，在22架轰炸机和炮兵的支援下，日军一个拥有装甲车和坦克的步兵团攻下对岸蒙古军坚守的一块高地。

不久，日军的损失加剧，他们已无力反攻。战况的真相传到日本大本营，由于日本关东军发起这场战争没有经过日本大本营的同意，为此，大本营和关东军闹翻了。战后，大本营向关东军司令部大开杀戒。

8月20日，朱可夫准备已久的苏军大反攻开始。为了完成围歼计划，朱可夫将手中的兵力分为3个集群，即南部集群、北部集群和中央集群。

中央集群：步兵第三十六师和第八十二师、步兵机枪第五旅和2个炮兵团。朱可夫的预备队是摩托装甲第九旅和空降兵第二一二旅。

南部集群：步兵第五十七师、坦克第六旅、蒙古骑兵第八师、摩托装甲第八旅、坦克第十一旅的2个坦克营、1个机动火炮营、防坦克第三十七营和1个喷火坦克连。

北部集群：坦克第十一旅、摩托装甲第七旅、步兵第三十六师第六〇一团、蒙古骑兵第六师和防坦克第八十七营。

8月20日5时46分，苏蒙联军持续猛烈炮轰日军的高射炮阵地，接着250架飞机轮番轰炸扫射日军。8时30分，苏军空军再次空袭

胜利后的苏军士兵脸上充满了笑容

日军阵地。

8时45分，苏蒙联军在炮火的支援下，强渡哈拉哈河。

在苏联空军、炮兵的强有力打击下，一个半小时内日军无力还击。日军观察所、通信联系和炮兵阵地被彻底摧毁。但日军官兵极其野蛮，在混战中仍拼命阻击，日军宁死不降，使苏蒙联军出现大量伤员。

21日和22日的战斗呈现白热化。在大沙阵地，苏军装甲部队遭到日军的抵抗。朱可夫被迫动用预备队，派出摩托装甲第九旅参战，还调来炮火支援。

8月24日和25日，苏军飞机出动218架次，进行了10次空战，击落日机74架。苏军的装甲部队成功粉碎了日军增援部队的攻势。日陆军航空兵头号王牌莜原弘道在空战中丧命。

26日黄昏，苏军已经对日军第二十三师团形成包围之势。随后，苏军装甲部队和摩托化部队开始穿插分割，围歼日军。日军利用战场上的流沙、沙坑和沙丘负隅顽抗，苏军进攻部队感到很吃力。

日本关东军调来第七师团支援被围日军，还准备把第二、第四师团调来增援。日本关东军同时命令第二十三师团死守阵地。

朱可夫严令苏军不计代价地猛攻。在苏军的强大火力压制下，日军第二十三师团官兵绝望了。29日，第二十三师团第六十四联队联队长山县武光重伤后自杀。

眼看第二十三师团即将被全歼，此时欧洲大战一触即发。苏军不想使远东战争升级，无心围歼日军。趁着苏军这一懈息，小松原率2000多人于31日逃出包围圈，第二十三师团元气大伤。

苏日双方在 8 月底后加紧外交谈判。8 月 30 日，日本大本营中岛参谋次长赶到沈阳。中岛向关东军司令部传达"停止进攻，长期坚守"的军令。关东军司令植田仍不甘心认输，他不断向中岛及其随行人员苦苦哀求，认为应该用 4 个师团进攻苏蒙联军，再转入冬季防御，中岛及随行人员被说服。

9 月 1 日，中岛一行抵达日本首都东京，这时，德国入侵波兰的战报传来，第二次世界大战爆发。为了应付突变的世界局势，日本大本营的态度变得谨慎起来。中岛一行返回沈阳关东军司令部后，完全反对原来的进攻计划。

植田又哀求大本营准许发动一次收容死难将士尸体的攻势，此事惹恼了日本大本营。9 月 3 日，日本大本营彻底否定了关东军调动兵力重新进攻的计划，关东军司令植田谦吉、参谋长矶谷廉介被解职。日本政府开始通过外交途径收拾局面。

9 月 16 日，双方停火并签署《诺门坎协定》，9 月 16 日 2 时，日本关东军和苏蒙军停战，双方交换战俘，并成立委员会来划定蒙古人民共和国和"满洲"的边界。最后，日本承认蒙古人民共和国的现存边界。

一个月内，关东军参谋本部次长中岛铁藏、作战部长桥本群、参谋本部作战部长、关东军司令部作战部长和所有作战参谋均被解职。

战役结束后，苏军公布战报称歼灭 5 万日军。日军的说法是损失 17000 人。而日本比较普遍的说法是 2 万人。事实上，日本不大可能损失 5 万，因为大部分损失来自只有 1 万多人的第二十三师团。

诺门坎战役沉重地打击了日本关东军，奠定了苏联远东边

日本外相松冈洋右（签字者）赴莫斯科签订《苏日互不侵犯条约》

境地区的稳定。这一战役是日本放弃从东方进攻苏联的重要原因。诺门坎战役使苏联避免了两线作战的不利局面，能够集中兵力攻打德国。经过诺门坎战役的惨败以后，日本将"西进"的国策改为南进东南亚。

后来，在莫斯科战役的关键时刻，斯大林抽调远东地区的20个师对付德军，起到扭转乾坤的决定性作用。诺门坎战役期间，日本关东军向中国内地增兵的计划无法实施，也有力地支援了中国的抗战。

★《苏日中立条约》

1939年11月，苏日开始谈判，双方于12月31日签署《苏日协议》。1940年1月，日本仍推行反苏方针。苏联也对日本不放心，苏联在远东地区部署了强大兵力。1940年3月底，斯大林在一次会议上说："日本应当懂得，苏联在任何情况下遭到入侵都会反击的。只有日本理解这一点，日苏正常关系才能维持下去。"看到苏联在远东地区的军事部署，日本不得不沿着日苏正常关系的道路前进。

1940年7月27日，日本政府将建立"大东亚共荣圈"作为战略目标，决定迅速恢复日苏友好关系，以避免苏联出兵中国东北。

1940年10月30日，日本向苏联提出新的建议，想缔结苏日互不侵犯条约。在日本提出的条约草案中，日本提议把苏日间一切争议放到缔结条约后再商谈，苏联政府反对日本的建议。

在11月18日，苏联向日本提出苏联拟定的中立条约草案，并声称苏联不同意在解决苏日重要争议前签署互不侵犯条约。

苏联政府提议双方在签署互不侵犯条约的同时，还应签署撤销日本在北库页岛的日本煤炭、石油租让企业的协定。作为回报，苏联政府同意在5年内保证向日本出售10万吨库页岛的石油。

1941年3月23日，松冈洋右赴莫斯科谈判，建议苏联把北库页岛卖给日本，遭到苏联政府的坚决反对。4月7日，松冈赴莫斯科继续谈判，提议缔结互不侵犯条约，并再次要求苏联把库页岛卖给日本。苏联再次拒绝。

4月13日，松冈同意撤销北库页岛的日本租让企业的协定，苏日签署《苏日互不侵犯条约》。《苏日互不侵犯条约》以苏联向日建议的各条款为基础。

《苏日互不侵犯条约》的主要内容为：双方相互尊重领土完整和不可侵犯；如缔约一方成为第三者的战争对象时，缔约另一方保持中立。

4月13日，双方发表联合声明："苏联尊重满洲国的领土完整和不可侵犯，日本尊重蒙古人民共和国的领土完整和不可侵犯。"可见，《苏日互不侵犯条约》是苏日双方以牺牲中国利益为前提签署的。

苏军坦克兵

被俘的日本关东军士兵

1939 年的法军

1939 年的英国海上船队

日本关东军设在中国东北的司令部

第三章

打造"东方战线"

合伙瓜分波兰

1939 年 9 月 1 日，第二次世界大战全面爆发，苏联从本国利益出发，开始营建其西部的战线。这条战线在西方人眼里被视为苏联的"东方战线"，可以达到"御敌于国门之外"的战略目的。这条战线里包括波兰、芬兰、波罗的海三国（立陶宛、拉脱维亚、爱沙尼亚）和罗马尼亚。

就在德波战争刚爆发时，德国元首希特勒就催促苏联尽快出兵。在莫斯科，斯大林政府像世界上其他国家的政府一样，对德军在波兰的军事进展如此神速感到震惊。出兵波兰是苏联早就确定的军事计划，但斯大林要选择"适当的时机"，以最大限度地减少苏联在世界各国的负面影响。

9 月 3 日，德外长里宾特洛甫致电苏外长莫洛托夫，建议苏军进驻波兰东部地区。9 月 5 日，莫洛托夫回复德国外交部说："苏联出兵波兰的时机还没有到呢！"不过他郑重警告，即使德军先到了那里，也必须遵守德苏条约秘密条款的"分界线"。可见，斯大林对希特勒并不放心。同时，斯大林认为德国还需要相当长的时间才能消灭波兰军队。

9 月 8 日，德军已经攻到华沙城下。9 月 9 日下午，莫洛托夫通知德国外交部说，苏联将在几天后出兵波兰。为了使苏联在世界各国面前师出有名，避免使苏军像个侵略者一样，这就必须等到波兰首都陷落后才能出兵。

苏军坦克正在通过波兰境内的一座铁桥

9 月 17 日晚，斯大林认为，波兰国家和政府不存在了，苏联已经不受《苏波互不侵犯条约》的束缚。莫洛托夫在给波兰大使的照会中和对全世界的广播中，宣布苏联军队进驻波兰的原因："华沙作为波兰的首都已不存在，谁都不知道波兰政府哪去了。波兰已经变成对苏联构成威胁的地方。"与德国密谋瓜分波兰的苏联找到了"体面"的出兵波兰的借口。

对于苏联进军波兰，美国和英国感到很震惊。美国把斯大林说成是纳粹德国的"帮凶"。丘吉尔在广播演说中说："苏联军队在波兰东面抵挡纳粹德国，但愿斯大林是作为我们的盟友这样做的。"而张伯伦说："苏联军队控制了波兰的部分领土来防御德国，这是正确的。"后来从罗马尼亚逃亡到伦敦的波兰政府从来都不敢把苏军宣布为侵略军。

9 月 18 日 5 时 40 分，苏联将领科瓦廖夫指挥白俄罗斯方面军、铁木辛哥指挥乌克兰方面军，共 7 个集团军约 40 个师，通过 1000 多公里的苏波边界入侵波兰。苏联 40 个师在 8 个航空兵团的空中支援下快速突破，当晚攻下波列西耶。

当时，波军正在抵抗德军的入侵，在波苏边境上只剩下 25 个边防营。25 个营怎能抵挡 40 个师的苏军呢？

苏军的落井下石使面临绝境的波军司令部雪上加霜。逃到罗马尼亚的波军总司令雷兹命令波苏边境的波军撤到罗马尼亚和匈牙利，越过德军，杀出一条血路来。面对苏军，雷兹的命令是，除非被苏军拦住，否则绕过苏军。由于一些边防营没有接到撤退命令，继续作战。在格罗德诺和科布林等地，苏波双方爆发激战。

9 月 18 日，德苏两国军队在布列斯特 – 力托夫斯克"胜利"

波兰被瓜分后，苏德军官在一起会晤

会师。

9月22日，苏军从德军手里接管战略要地布列斯特要塞，利沃夫波兰守军投降。很快，苏军攻下战略要地比亚韦斯托克。德军古德里安和苏联克里沃斯基将军共同举办了胜利宴会。

苏联入侵波兰选择了最恰当的时机。如果早半天，就很可能发现波兰政府仍然行使着职权，这样苏联的进军就变成战争行为，使苏联和波兰的盟国英国和法国进入战争状态。如果晚半天，会发现德国在南方占领了罗马尼亚，在北方占领了波罗的海沿岸各国。

就这样，苏军入侵波兰东部地区的突然行动给德军带来了很多麻烦。根据《苏德互不侵犯条约》的规定，苏德两国将顺着纳雷河－维斯瓦河－桑河一线瓜分波兰，苏军入侵波兰后，就立即通知德军撤出波兰东部地区。当时，一些德军部队正在波兰东部地区忙着消灭波兰剩下的部队。若这时撤离，波兰军队就会趁机撤到匈牙利和罗马尼亚。

苏军突然到来带来的另一个难题是德国和苏联的士兵相互开火，造成伤亡。但这样的误会事件相对来说比较少。德军的撤退是有秩序的行动，苏德两国军队间存在着一定程度的友谊。

9月25日，苏军占领布格河、桑河一线，完成瓜分波兰的军事行动。苏军作战12天，向西进攻250-350公里。在苏波战争中，苏军死亡700多人，伤1800多人；波军死亡5000多人，被苏军俘虏30万人。

苏联政府无视波兰主权，入侵波兰，又跟德国签署瓜分波兰的《苏德互不侵犯条约》，暴露了苏联的大国沙文主义。

就这样，苏联利用《苏德互不侵犯条约》成功阻挡了德国军队进攻东欧各国的企图。后来，希特勒在对苏联作战的会议上也提到这一点，愤怒地列举了苏联破坏德国进攻东欧各国的一系列战略构想。

为了在苏联西部建立缓冲地带，苏联立即把立陶宛故都维尔那还给立陶宛，扶持立陶宛复国，并邀请立陶宛、拉脱维亚和爱沙尼亚缔结同盟。三国外长分别赴莫斯科，在结盟条约上签了字。

1939年9月，华沙陷落后，根据1939年8月23日在莫斯科签署的《苏德互不侵犯条约》的秘密附属议定书，德国和苏联合伙第

被德军驱赶的华沙市民

四次瓜分波兰。

丘吉尔曾说过："我们对苏联不能抱任何幻想，他们不承认任何道德、法律，只顾利益。"

9月19日，德国驻苏大使舒伦堡在发给柏林的电报中说："斯大林已经放弃了原先准许波兰存在的意图，想以皮萨河 - 纳雷河 - 维斯瓦河 - 桑河为界分割波兰。希望立即就此问题谈判。"

9月25日晚，斯大林在克里姆林宫召见舒伦堡，两人谈了很长时间。会见结束后，舒伦堡向柏林报告了斯大林要他通报的事情："斯大林认为留下独立的波兰是错误的选择。在他看来，最好自分界线以东，直到布格河的整个华沙都归德国所有。作为交换，德国放弃立陶宛。若德国同意的话，苏联将根据1939年8月23日达成的议定书，开始处理波罗的海地区问题，希望德国能在这一方面给予支持。"

9月26日下午6时，德国外长里宾特洛甫乘飞机来到莫斯科。这次他来莫斯科，是想让斯大林少分点赃，毕竟波兰是德军经过浴血奋战而取得的战果。

从晚上10点开始，双方一直谈到第二天凌晨1时，斯大林亲自参加谈判。斯大林提出两个分割方案。第一个方案是：根据原先的协定来划分波兰，立陶宛归德国；第二个方案是：立陶宛让给苏联，苏联让给德国更多的波兰领土，包括卢布林省和华沙，波兰领土大部分归德国。

斯大林提出，残存的波兰国家会在德苏两国之间制造摩擦，若德国接受他的条件，苏联会根据1938年8月23日的议定书处理波罗的海问题。

9月29日凌晨5时，按斯大林提出的第二个方案，莫洛托夫和里宾特洛甫在条约上签字。里宾特洛甫问斯大林，苏联是否愿意与德国结盟，斯大林说"我永不允许德国变弱"。

回到柏林，希特勒向里宾特洛甫解释说，他之所以把立陶宛让给苏联，是因为他要向斯大林证明，德国真心实意地向苏联道歉。

新的瓜分线使苏联拥有了利沃夫的制糖和纺织工业，德罗霍贝什和博雷斯拉夫的油井，这两个地方是波兰产油最多的地方。作为补偿，斯大林同意每年供应德国一万吨石油。

10月8日和12日，根据新的瓜分线，希特勒下达了两个命令，波兰的西部土地被并入德国版图，其面积为9万多平方公里，人口约1000万。在其余的18万平方公里的波兰土地上，德国设置了总督区，由汉斯·弗兰克任总督。总督府位于克拉科夫，分为四个省：克拉科夫、华沙、卢布林、腊多姆，人口约1200万。

10月14日，苏德双方签署议定书，为划定边界线而成立委员会。分界工作于1940年2月底完成，边界线长1500公里，2/3顺着河流。其他没有河流为界处，统一用界桩标示。不久，苏德两国在分界线的两边修筑防御工事。

这年10月，在原波兰东部领土上，西乌克兰和西白俄罗斯相继成立苏维埃政府，于11月1日和2日加入乌克兰加盟共和国和白俄罗斯加盟共和国。苏联对外宣布，这都是当地居民"自由选举"完成的。

流亡的波兰政府向国联抗议德苏瓜分波兰，然而法英政府并不介意1921年被波兰吞并的土地回到苏联手中。

★西乌克兰和西白俄罗斯

苏德瓜分波兰后，两国政府发表联合声明："鉴于波兰国家灭亡了，从而为东欧的持久和平奠定了基础。英法应停止对德战争，否则，苏德将共同协商采取必要的措施。"

苏德双方划定边界后，苏联政府将新占领的波兰领土变为西乌克兰和西白俄罗斯两个行政区。苏联政府在两个行政区分别建立了临时行政机构。

临时行政机构的官员由拥护苏联的人士、苏军军官组成。苏联在新占领的城市成立工人纠察队，又在每个乡村成立村级苏维埃和保卫委员会。

10 月 22 日，苏联在利沃夫成立西乌克兰人民会议，又在比亚韦斯托克成立西白俄罗斯人民会议。

10 月 27 日，西乌克兰人民会议发表《关于建立乌克兰国家政权的宣言》，同时要求西乌克兰加入苏联。10 月 29 日，西白俄罗斯人民会议发表了《关于建立白俄罗斯国家政权的宣言》，同时要求西白俄罗斯加入苏联。

11 月 1-2 日，苏联最高苏维埃会议批准西乌克兰加入乌克兰共和国，西白俄罗斯加入白俄罗斯共和国。

在这次会议上，苏联主席兼外长莫洛托夫发表了长篇演说。谈到波兰时，莫洛托夫说："波兰统治者曾经厚颜无耻地宣称，他们的国防如何'巩固'，波兰的军队如何'强大'。结果怎么样，首先由德军给波兰以沉重的打击，随后由红军给波兰以沉重的打击。这个《凡尔赛条约》的怪胎（波兰）便消失了。"

目光转向芬兰

苏芬战争是 20 世纪十大经典战争之一。1808 年，芬兰被沙俄吞并。1917 年俄国十月革命后，芬兰于 1917 年 12 月 6 日独立。在争取芬兰独立的过程中，芬兰与俄国及后来苏联的关系一直很紧张。

1918 年，芬兰爆发内战，苏联支持的芬兰共产党起义失败。1932 年，苏联主动与芬兰签署互不侵犯条约。1934 年，双方进一步规定此条约为 10 年有效期。

苏联东部和西部边界安全环境改善后，苏联开始将重点转向西北部。列宁格勒是苏联第二大城市，工业和文化中心。列宁格勒距离苏芬边界 32 公里，处于远程大炮的射程之内。列宁格勒最大的军港克隆斯达离苏芬边界十几公里。英法德等国曾于 1918-1919 年以芬兰为基地入侵苏联。

1939 年 9 月 1 日，德国入侵波兰以后，苏联更担心芬兰成为德国入侵苏联的跳板。10 月 5 日，苏联外长向芬兰提出"以领土换安全"的方案，并邀请芬兰派代表团赴莫斯科谈判。10 月 11 日，芬兰代表团到达莫斯科。

虽然苏联的要求侵犯了芬兰的主权，但由于芬兰是小国、弱国，芬兰为了维护主权，被迫与苏联进行了艰难的谈判。

苏联政府提出的"以领土换安全"的方案为：芬兰把汉科半岛租给苏联 30 年；苏联再用列博拉和波罗斯湖地区，换芬兰的苏尔、

苏军入侵前的芬兰小镇

塞伊朗卡里、拉凡、季乌林、比叶尔克诸岛全部，以及卡累利阿地峡、雷巴奇半岛和斯列德尼半岛各一部。

芬兰不敢马上拒绝，芬兰总统卡扬德尔与芬军总司令曼纳海姆元帅商量以后，要求芬兰代表团在芬兰湾的几个岛屿和卡累利阿边境问题上让步，但拒绝交换或租借汉科半岛、雷巴奇半岛和卡累利阿地峡等地。

卡累利阿地峡横跨苏芬边境，地峡宽度为100公里左右。在芬兰境内的卡累利阿地峡交通条件好，建有4条铁路，还有10条公路通往芬兰西北地区。卡累利阿地峡地区是芬兰的战略要地。

芬兰的主要工业区分布在卡累利阿地峡地区，那里有木材工业、纸浆工业、造纸工业等。卡累利阿地峡地区对芬兰的国防和经济至关重要。芬兰用了10年的时间在该地区修建了坚固的防线，即曼纳海姆防线。

10月23日，苏联政府向芬兰政府提出，租借汉科半岛建立军事基地是维护列宁格勒安全的最低条件。出于对本国的安全考虑，芬兰政府拒绝向苏联作出任何妥协。

11月3日，芬兰向苏联声明："严禁外国在芬兰领土上驻军，严禁以任何方式利用芬兰领土作为海军基地。芬兰的主权和严格中立的态度是不容侵犯的。"

11月13日，芬兰代表团回国，苏芬谈判失败。

苏芬谈判失败以后，苏联开始向芬兰施加压力。苏军制造"曼尼拉事件"，声称芬军炮击了曼尼拉村造成苏军士兵的死亡，要求芬兰赔礼道歉，并要求芬军后撤20至25公里。芬兰拒绝了这一无理要求。11月26日，苏联政府照会芬兰政府宣布废除《苏芬互不侵犯条约》。

11月28日，苏联宣布与芬兰断交，要求芬兰现政府集体下台。同时，驻扎在苏芬边界的苏军转为战争状态，即将入侵芬兰。

苏联高层信心十足，副国防部长指示炮兵只需要携带两周的弹药就足够。苏联连进入芬兰的军乐队都准备好了。斯大林也认为这场战争不会超过16天，他特地指示各部队不准侵犯瑞典。

芬兰是个只有350万人口的小国，常备军约3万人，加上战争动员后的部队共18万人。另外动员了约10万人的民兵和妇女

辅助队。

芬军拥有 60 辆落后的坦克, 14500 人的兵力（装备 110 挺机枪）。炮兵主要使用的是 1900 年前后的轻炮，甚至是 1887 年的加农炮，空军只有 70 架飞机。苏芬兵力对比，明显是芬军弱，苏军强。

11 月 30 日，45 万苏军悍然越过苏芬边界，入侵芬兰。芬兰总统卡扬德尔宣布芬兰向苏联开战。

12 月 1 日，苏军发起南部攻势，第七集团军（7 个师）进攻卡累利阿地峡地区。第七集团军拥有 10 个步兵师，6 个坦克旅，共 24 万人，坦克 1500 辆，大炮 900 门，飞机 300 架。

芬兰地处寒冷的北极地带，其地形十分复杂，芬兰境内大多是丘陵地带、湖泊、沼泽和蜿蜒的山道，不利于装甲部队作战。

卡累利阿地峡军区司令为胡戈·厄斯特曼中将，他指挥芬军凭借曼纳海姆防线的坚固工事阻击苏军。

苏军的坦克装甲部队如钢铁洪流般隆隆驶入厚厚的积雪地带时，推进速度明显减弱。芬军善于在北极地带作战。厄斯特曼派炮兵轰击行进中的苏军坦克，又派滑雪部队从侧翼偷袭苏军步兵部队。这种办法非常管用。

苏军南部攻势的另一路是第八集团军，拥有 7 个步兵师，一个坦克旅，共 15 万人，坦克 540 辆，火炮 520 门，飞机 200 架。

苏军第八集团军负责进攻苏奥湖和索尔塔瓦拉地区。1940 年 1 月 11 日，第八集团军在森林中被芬军分割成若干个营、连级单位。被困在若干个孤立据点的苏军营、连级部队建立以炮兵为中心的环形阵地，由于弹药和补给逐渐枯竭，处于被动挨打的局面。

同时，苏军展开了中部攻势：苏军第九集团军，拥有 5 个步兵

芬兰军队士兵

师，共有 9.5 万人，坦克 275 辆，大炮 360 门，飞机 100 架。第九集团军经过苏欧穆沙密进攻欧路，企图将芬兰一分两半。12 月 11 日，芬军第九师（6000 人）仅用一个团的兵力就将苏军第一六三师分割包围了。

苏军第九集团军派第四十四师来救援，也同样在路上被分割包围。又冻又饿的苏军在一个个据点里既无法突围，又无法补给。只要苏军生火取暖，芬兰游击队就会突然向火堆里扔炸药。

芬军滑雪前进，他们在森林深处设有火炉营地，各部队轮替作战。1月8日，这两个苏军师被彻底歼灭，芬军发现的苏军尸体有 27500 多具，还有无数的苏军尸体掩埋在厚厚的积雪之下，甚至几年后才被发现。

芬军还包围了苏军第一二二师，以及增援的苏军第八十八师，这两个师幸运一点，并未全军覆灭，到3月8日为止，仍被困在一小块地区，损失惨重。而苏军第五十四师整个被芬军消灭。

入侵芬兰的苏军雪地运兵方式

芬军在苏军发动的中部攻势中共战死 800 人，芬兰第九师缴获了 43 辆坦克、71 门高射炮、29 门反坦克炮、260 辆卡车、1170 匹马、大量轻武器和弹药给养等。

同时，苏军还展开了北部攻势：投入的第十四军拥有 3 个步兵师，共 5.5 万人，还有坦克 165 辆、大炮 220 门，飞机 70 架。苏军第十四军从莫曼斯克向西进攻皮查摩地区，再沿极圈公路南下 500 公里，向西攻至芬兰 – 瑞典边境。

许多苏军卡车的水箱冻裂，润滑油经常结冻，造成各类武器失灵。芬兰人在各地自发地坚壁清野，逃跑前将房子烧毁。苏军攻下了一个个村庄，却找不到房子住，只能挤在帐篷里。

芬兰的滑雪部队身穿白色伪装服，能够在雪地中快速运动。当年的冬季温度为零下 40℃，芬兰部队经常偷袭苏军的食堂和篝火，游击战效果很好。

芬兰滑雪部队大部分由职业猎人组成，他们经常从七八百米外偷袭苏军士兵，给苏军造成了巨大的恐慌。苏军派出大量巡逻队，这些巡逻队往往被芬军消灭。许多苏军士兵称芬军为"白色死神"。

芬兰共产党人因其信仰不能进入芬军，但他们并未投靠苏军。他们与同胞们一起打游击。这主要是因为部分芬兰共产党人投靠苏联后，反被斯大林清洗。

苏联军官的整体素质很低，当时他们以为很快就可以取胜，甚至手挽手唱着歌向芬兰推进。在大清洗中，80% 的苏联军官被撤换，新上任的都是忠于斯大林的党员。斯大林用政委监督军官。苏军根据军事教科书指挥作战，苏军的许多败仗都是因指挥僵化造成的。

苏军并未准备冬季战斗的装备。因为大量使用各类车辆，为了

保证油料不被冻住，这些车辆必须 24 小时不熄火。

芬军缺乏装备，只有受到最基本训练的士兵才有军服和轻武器，不过其他参战人员后来大量使用了缴获的苏军武器。

斯大林有很深的种族偏见，他怀疑当时在苏芬边界的部队可能与芬兰人有亲戚关系或相同的文化历史。参加芬兰战争的苏军主要由南方部队组成。苏联南方部队不适应冬季寒冷和森林作战。而大部分芬兰人住在农村，长期生活在严寒中，对寒冷和森林战的适应能力强。

芬兰空军虽然弱小，但训练扎实，飞行员经常与其他国家飞行员交流。空军使用先进的 4 机编队，这种编队与德国空军的战术编队基本相似，4 架飞机以两架为小队进行战斗，由资深的飞行员担任小队的长机，另一架由资历较浅的飞行员驾驶，负责掩护长机和寻机攻击敌机。

芬兰空军先进的战术编队到第二次世界大战时逐渐被各国空军效仿，后来发展成为现代战斗机战术编队的基础。

当时，苏联空军仍然采用一战以来的 3 机编队。飞行员训练不扎实，编队之间配合不好。空军 3 机编队中的僚机经常没有目标，它们都随长机开火，浪费弹药的情况很普遍。战斗机经常丢下轰炸机，脱离轰炸空域。飞行员较低的素质以及呆板的编队战术，使苏联空军损失惨重。轰炸机对芬兰境内目标的轰炸效果很差。

苏联入侵芬兰后，世界上许多国家都同情芬兰。美国总统罗斯福发表演讲，谴责苏联的侵略行为，对苏联实施禁运政策。

英国和法国向芬兰援助了 276 架飞机、710 门火炮，以及大量军事物资。英国和法国想借道瑞典和挪威向芬兰派遣远征军，但瑞典和挪威害怕苏联，禁止英军和法军过境。12月14日，国际联盟通过决议将苏联开除。

　　苏军如此惨重的损失使斯大林大为震怒。很快，大批苏军高级军官人头纷纷落地。斯大林将总司令撤换，由在1939年指挥波兰战役的铁木辛哥接任。铁木辛哥调集大量部队，人数多达90万人，火炮2800多门。苏军在适应雪地和森林作战上进行大量的改善。铁木辛哥对苏军进行特训，要求坦克必须支援步兵部队。

芬兰滑雪部队大部分由职业猎人组成，许多苏军士兵称他们为"白色死神"

143

苏联不顾世界舆论的反对，重新调整兵力部署，再次进攻芬兰。1940年1月7日，铁木辛哥率领苏联西北方面军（第七、十三集团军），准备集中兵力进攻卡累利阿地峡。苏军向芬军阵地持续进行炮击和空袭。仅2月1日一天，苏军就出动了200架轰炸机，向芬军阵地进行了强大的火力打击。苏军在24小时共发射3万多发炮弹。

2月12日5时，苏军发起大规模攻势。斯大林严令苏军只许胜不许败，苏军各级军官完全不顾伤亡和装备的消耗，以人海战术冲锋前进，许多地方的苏军尸体堆了三四层厚，芬军寡不敌众。凭借数量上的巨大优势，经过3天激战，苏军终于突破了曼纳海姆防线。15日15时30分，芬军退守第二防御地带。

2月28日，苏军的兵员得到进一步补充，以绝对优势的装甲部队突破了芬军阵地。几天内，苏军包围了在维堡市的芬军第二集团军。芬军全面瓦解，被迫承认战败。

3月12日，苏芬在莫斯科签署和约。苏联得到4.1万多平方公里的芬兰领土，将苏芬边境向北移动了150公里。芬兰还被迫将汉科半岛及附近水域租给苏联30年，苏联每年付给芬兰800万芬兰马克。但和约并未规定苏联战前承诺换给芬兰的领土。

由于苏芬战争，芬兰人紧密地团结起来了。斯大林在和约中做了个顺水人情，同意不再支持芬共。苏军在战争中虽然胜利，但付出的代价太大。苏军对外宣布近50万人伤亡，事实上伤亡可能比这个数字多一倍。从列宁格勒直到莫斯科，所有的医疗机构都挤满了伤兵。

苏联将新得到的领土并入卡累利阿－芬兰自治共和国，建立

"东方防线"的第二环。在苏芬战争中，芬军战死 18000 人，负伤 4 万多人。

苏军为何伤亡这么大？有两个原因：一是芬兰非常寒冷，二是芬军中的猎人（狙击手）太多。比如，芬军有个叫海耶·西蒙的猎人，他号称"冰原死神"，他单独射杀了 502 名苏军官兵。

兵力和武器占绝对优势的苏军，没有根据战争规律作战，付出了极为惨重的代价。而弱小的芬兰战术灵活，凭借天时、地利和人和，给苏联以沉重的打击。

苏芬战争将苏军的弱点完全暴露了。苏军作战全靠人海战术。高级指挥官不会指挥现代机械化部队，大量的重装备没有更好地发挥作用。这主要是苏联大清洗的结果，各级军官成了对上级唯命是从的应声虫。各级军官面对芬军游击战时，不敢更改上级下达的作战计划，指挥僵化，影响了部队作战。

德国没有干预苏芬战争，但向双方派出了大量军事观察员。德国发现，小小的芬军竟使庞大的苏军伤亡惨重。苏芬战争无疑使素质更高、装备精良的德军增强了战胜苏军的信心，德国军官们认为只需要几个月就能击溃苏军。这无疑对希特勒决心发动"巴巴罗萨"行动有很大的影响。

苏联著名军事家，苏军元帅。铁木辛哥生于今敖德萨州富尔曼诺夫卡镇。1915 年参加了第一次世界大战。战后加入红军，翌年加入俄共（布）。苏俄内战和外国武装干涉时期，历任红军排长、连长、团长、旅长、师长，率部参加了平息国内反革命叛乱和反对外国武装干涉的作战。战后就读于军事学院高级速成班和政治学院的指挥员训练班。1925–1938 年先后任骑兵军军长、军区副司令和司

令等职,善于把长期战争的作战经验运用于部队训练。

1939年9月铁木辛哥指挥乌克兰方面军进军波兰。苏芬战争期间,指挥西北方面军突破曼纳海姆防线。1940年5月起任苏联国防人民委员,积极进行战争准备,大力促进军队建设,完善动员体制,改进武器装备。苏德战争前夕,曾建议边境部队进入战备状态,但未被斯大林采纳。

战争爆发后,铁木辛哥先后任统帅部大本营主席、最高统帅部大本营成员、副国防人民委员兼西方向总司令、西方面军司令、

苏联元帅铁木辛哥

西南方向总司令兼西南方面军司令、斯大林格勒方面军和西北方面军司令，参与指挥过明斯克战役、斯摩棱斯克战役、斯大林格勒会战等。1943年3月起作为最高统帅部大本营代表，协调几个方面军作战行动，组织实施了许多重大战役。

"二战"结束后，铁木辛哥历任巴拉诺维奇军区、南乌拉尔军区和白俄罗斯军区司令，国防部总监组总监等职，两次荣膺苏联英雄称号，获列宁勋章5枚。著有《伟大的功绩》《由莫斯科向南挺进》等书籍。

事实上，德国还是过于轻视苏联了。苏军尽管损失惨重，但对苏联这种超级大国来说，根本不算什么。

斯大林发现了自己根据政治忠诚度建立军队的严重错误，他作了重大调整。他将大批无能的军官解除职务，并限制了各级政委的权力。

斯大林下令调查并提拔了在苏芬战争中表现杰出的军官。斯大林还解除了他的酒友佛洛史洛夫的国防部长职务，并委任铁木辛哥为国防部长。

苏军在芬兰的重大损失，给苏联军政领导敲响了警钟。他们被迫承认，苏联内战时期那一套靠步骑兵猛打猛冲的战术过时了。

铁木辛哥上任后，立即提拔朱可夫为他的参谋长。另外，他对于各个部队间的配合问题，对军令的变通性问题，以及部队的训练都作了大的改进。

苏芬战争结束后，芬兰对英法等国的绥靖政策绝望了。芬兰损失了4万多平方公里土地，50多万芬兰人流失失所。芬兰人报仇雪恨的情绪高涨，芬兰政府全面倒向德国，后来紧随德国参加反苏战

抗议苏军入侵的芬兰民众

争，正是苏芬战争将中立的芬兰推入了德国的怀抱。

★ "二战"前的芬兰

芬兰位于北欧，国土面积近 1/3 在北极圈内。境内到处是森林，水资源极其丰富。芬兰水域面积占国土面积的 10% 以上，湖泊多达 5 万多个，又称千湖国。历史上，芬兰先后被瑞典和沙俄吞并过。

1917 年沙俄灭亡，境内许多民族纷纷独立。波罗的海的芬兰、立陶宛、爱沙尼亚、拉脱维亚趁机独立。十月革命后，俄国共产党在俄罗斯建立了苏维埃政权。

1918 年，芬兰共产党发动起义，试图推翻共和政府，芬兰内战爆发。后来，起义军被政府军镇压，许多芬兰共产党员逃往苏联，后遭斯大林清洗。

1932 年，苏芬签订了互不侵犯协定。为确保苏芬边境的安全，1938 年 4 月，苏联和芬兰进行外交谈判，苏联希望用两倍的领土与芬兰的一些领土进行领土交换。谈判长达一年未取得任何进展。

1938 年，芬兰加入奥斯陆中立集团，声称不承担国联第十六条的制裁义务，芬兰对外宣布中立。

兼并波罗的海三国

1940年6月12日，莫斯科向波罗的海国家立陶宛发布最后通牒，四天之后，又向爱沙尼亚和拉脱维亚发出了同样的通牒，并向罗马尼亚边境派兵。

在苏联的威慑下，三个国家举手投降。仅用半个月的时间，苏联竟兵不血刃地吞并了波罗的海三国以及罗马尼亚的两个省，此举直接威胁了希特勒的石油命脉。

更使希特勒恼火的是，苏联又对罗马尼亚的北布科维纳提出领土要求，而这个地区是奥地利王国的旧土，密集地居住着日耳曼人。

为此，希特勒专门回顾了1939年签订的《苏德互不侵犯条约》，吃惊地在"秘密协定"中发现了一个重大漏洞："考虑东南方时，苏联一方强调他对比萨拉比亚的兴趣，德国一方竟宣布他对这些'地区'完全没有政治兴趣。"其中"地区"一词使用了复数形式，这意味着，苏联对罗马尼亚的吞并完全不受条约的限制。

立陶宛民族、拉脱维亚民族和爱沙尼亚民族都是公元前4000-2000年迁徙到波罗的海沿岸的古代居民的后裔。他们一部分从东方迁徙到波罗的海沿岸，原始渔猎民族使用芬兰语，一部分从南方维斯瓦河和第聂伯河流域迁徙到波罗的海沿岸。

立陶宛地处波罗的海东岸，北邻拉脱维亚，东邻白俄罗斯，西南与俄罗斯和波兰交界，西临波罗的海。立陶宛人的形成始于公元

被苏联兼并前的爱沙尼亚人过着快乐的生活。图为爱沙尼亚人的一个庆祝活动

前 2000 年，一部分古代列托 – 立陶宛人向波罗的海沿岸迁徙。公元 1240 年，立陶宛大公统一了立陶宛。1385 年后，立陶宛曾与波兰 3 次联合。1795 年，立陶宛被沙俄吞并。1918 年 2 月 16 日，立陶宛独立，成立资产阶级共和国。

拉脱维亚人的形成可以追溯到公元 5–6 世纪时，波罗的海的一些本土部落向北推进时同化了操芬兰语的立维部落、部分南方爱沙蒂人。12 世纪末 –13 世纪初，日耳曼骑士入侵波罗的海沿岸，库尔什人、泽姆加尔人、谢尔人、拉脱加尔人在共同反抗中联合起来。15–16 世纪，这些部落逐渐形成了拉脱维亚人。大量拉脱维亚人从 19 世纪起移民西伯利亚。19 世纪下半叶，拉脱维亚民族形成。

拉脱维亚地处东欧平原西部，西临波罗的海，它的海岸线有 307 公里。拉脱维亚的里加湾深入内陆。拉脱维亚北与爱沙尼亚接壤，东与俄罗斯交界，南邻立陶宛，东南与白俄罗斯交界。拉脱维亚古称利沃尼亚，自 13 世纪起受日耳曼人影响，拉脱维亚人改信基督教。拉脱维亚的首都为里加。1285 年，拉脱维亚加入汉萨同盟。18 世纪时，俄国吞并了拉脱维亚。1918 年 11 月 18 日，拉脱维亚宣布独立。

爱沙尼亚人是古代波罗的海沿岸芬兰部落的后裔，他们在反对日耳曼骑士和瑞典人的战争中形成。爱沙尼亚的民族形成完成于 19 世纪末。

爱沙尼亚地处波罗的海东海岸，东邻俄罗斯，南邻拉脱维亚，北与芬兰隔海相望，西南临里加湾。

爱沙尼亚先后被普鲁士、丹麦、瑞典、波兰、德国等统治。从

1710年起，爱沙尼亚被沙俄统治。1918年2月24日，爱沙尼亚成立爱沙尼亚共和国。11月，苏联宣布对爱沙尼亚拥有主权。1920年2月，苏联承认爱沙尼亚独立。

1939年8月23日，苏德签署互不侵犯条约后，拉脱维亚和爱沙尼亚被纳入苏联的势力范围。9月17日，苏军入侵波兰，强占维斯瓦河畔以东地区的波兰领土。波罗的海3国处于苏德夹缝之中。

9月19日，苏联以波兰"鹰"号潜艇事件为借口，宣布苏联不承认爱沙尼亚对其领海的主权。9月24日，爱沙尼亚外长谢利捷尔

苏军占领拉脱维亚后，炮车驶过街道

率代表团赴莫斯科，请求苏联谅解。苏联趁机以武力威胁爱沙尼亚签署互助条约。

9月26日，谢利捷尔回到爱沙尼亚后，他向政府转交了苏联提出的条约草案。主要内容为：苏联承认爱沙尼亚的主权，苏联在经济、外交上给予全面主持（控制），苏联在爱沙尼亚建立海军基地和开辟机场。与此同时，苏联不断出动飞机在爱沙尼亚上空示威。9月29日，苏联列宁格勒军区向苏爱边境集结重兵。

9月27日，爱沙尼亚被迫屈服，谢利捷尔再次飞抵莫斯科。谈判期间，苏联又以保卫爱沙尼亚的苏军海军基地为由，向爱沙尼亚提出进驻陆军要求。苏联要求爱沙尼亚立即答复。爱沙尼亚政府被迫接受苏联提出的全部要求，两国于9月28日签署《苏爱互助条约》及其秘密议定书。

苏爱互助条约签订后的10月1日，苏联向拉脱维亚提议就两国关系进行紧急"磋商"。拉脱维亚总统兼总理乌尼马尼斯考虑到苏德、苏爱条约的签署，被迫同意与苏联签约。

10月2日，拉脱维亚外长蒙捷尔斯飞抵莫斯科。谈判期间，苏联外长莫洛托夫说："你方必须同意我方意见，我方需要在不冻海岸建立军事基地。我方想建立机场和工事。我方不会触动贵国的宪法、机构、部委、外交政策、财政政策和社会制度。"拉脱维亚代表团委婉地指出，苏联的驻军5万的要求过高，拉方需要再三考虑才能答复。

11月3日，双方继续谈判。拉脱维亚代表团表示无法将苏联提供的草案报告给政府，他们无法向人民交代。蒙捷尔斯解释说："条约将被人民理解为苏联保护拉脱维亚。对于爱好自由的

苏军空军士兵

人来说，那是无法接受的。而且拉脱维亚目前完全能够保障本国的安全。"

蒙捷尔斯反对苏联在两个不冻港和皮特拉格斯驻军，并坚持要求将苏军限制在 2 万人以下，因为拉脱维亚才只有 2 万军队。蒙捷尔斯还提出苏军进驻的时间仅限于欧战期间，一旦欧战结束，苏军应立即撤离。

莫洛托夫勃然大怒，威胁道："你们太幼稚了……还是先考虑下局势吧！"斯大林喝道："你们不相信我们，而我们更不信任你们。你们怕我们侵犯你们，其实我们本来可以现在就侵犯你们，但我们不想那样伤害你们。你们要知道，我们的驻军只是预防性的。"

10 月 5 日，经过激烈的争论，双方签署互助条约。条约内容与《苏爱条约》类似，驻军不超过 2.5 万人。

立陶宛也未躲过厄运。莫洛托夫招来立陶宛驻莫斯科公使，要求就两国关系进行紧急"蹉商"。10 月 3 日，立陶宛外长到达莫斯科。斯大林向立陶宛提出，把维尔诺市及维尔诺省的部分地区还给立陶宛，同时苏立两国签署互助条约，条约有效期为 20 年，苏联在立陶宛驻军 5 万人。

立陶宛外长认为，苏联政府提出的条约草案其实是对立陶宛的占领。斯大林辩解道："苏联承认立陶宛的主权，驻军只是对立陶宛的安全保障。"

莫洛托夫说："爱沙尼亚已经签订了互助条约，拉脱维亚也即将签订。若立陶宛不同意，将迫使苏联采取必要的措施。"在苏联的强大压力下，立陶宛外长被迫屈服，但要求苏联驻军人数缩减到 2

万人，并且苏军只能驻扎在维尔诺地区。斯大林不同意这一要求，提出苏军人数不能少于 35000 人。

10 月 4 日晨，立陶宛代表团回国。10 月 7 日，立陶宛代表团又来到莫斯科。立陶宛就苏军进驻问题提出建议，莫洛托夫威胁道："立陶宛人如果不接受互助条约，苏联就不归还维尔诺地区。"

苏联《真理报》不断发表文章，说要把维尔诺划归西白俄罗斯。白俄罗斯共和国领导人多次飞往维尔诺，假装要接收维尔诺。10 月 10 日，立陶宛被迫向苏联屈服，双方签署《关于维尔诺市和维尔诺省移交给立陶宛及关于苏联和立陶宛互助的条约》。条约规定了苏联驻军为 2 万人。

苏联对波罗的海三国恩威并施，逼迫三国签署互助条约。波罗的海三国对未来的命运忧心忡忡，他们不信任苏联政府。蒙捷尔斯在签约时叹道："这意味着拉脱维亚历史的转折。"乌尔布什斯抱怨道："立陶宛的心情很沉重。"爱沙尼亚的谢利捷尔在签约的同时辞职了。

苏联在与波罗的海三国签署互助条约后，由于当时欧战的发展尚未明朗，苏联采取谨慎的政策。苏联政府认为，英法与波罗的海三国关系良好，一旦英法战胜德国，苏联如果根据苏德协议兼并波罗的海三国，英法将武装干涉。为此，斯大林严令驻三国的苏军领导人不要干涉三国的内政。

10 月 14 日，莫洛托夫电令苏联驻拉脱维亚的全权代表："禁止同该国共产党来往，只能与该国政府保持联系。"10 月 21 日，苏联政府要求驻立陶宛的全权代表处的所有工作人员，在立陶宛严禁干涉两党事务。10 月 23 日，莫洛托夫向驻塔林的全权代表发出类似

立陶宛、拉脱维亚和爱沙尼亚成为苏联的加盟共和国。苏联将三国划入版图。图为一名苏联军官和当地民众在一起交谈

的指示："严禁干涉爱沙尼亚内部事务。"

10月25日，苏联国防部就军队进驻问题下达命令，要求全体军官在任何情况下都不能干涉三国内政，一切干涉内政的言行应当毫不留情地制止。

由于苏联严格遵守互助条约，波罗的海三国恐惧的心理逐渐消失，三国对苏联的信任感不断增强，关系出现缓和。

1940年5月10日，德军大举入侵荷兰、比利时、卢森堡和法国。10日，卢森堡投降。15日，荷兰投降。28日，比利时投降。英法联军一败涂地，被德军驱赶到敦刻尔克一带。

斯大林发现英法两国已自身难保，立即改变信守互助条约的政策，开始兼并波罗的海三国。5月25日，苏联自己制造事端，却说在立陶宛政府的"庇护"下，出现苏军士兵失踪的事件。

5月28日，立陶宛政府成立调查委员会，调查"苏军失踪"事件。苏联拒绝与立陶宛调查委员会进行任何合作。立陶宛政府表示愿意接受苏联政府对查明事件所提出的一切要求。

6月7日，立陶宛总理梅尔基斯赴莫斯科谈判。6月11日，立陶宛外长乌尔布什斯赴莫斯科谈判。6月14日，应莫洛托夫的要求，立陶宛被迫解除内政部长斯库恰斯和政治警察署波维伊季斯的职务。

德国忙着对英作战，而且不愿过早地得罪苏联。当波罗的海三国向德国求援时，德国答复说："这纯粹是波罗的海国家的内政，德国无意干预任何国家的内政。"

英法的态度更加消极。过去英法曾将波罗的海三国视为"欧洲反共产主义的桥头堡"，苏联若想兼并，一定会遭到英法两国的反

进驻立陶宛的苏联军官

对。但现在英法军队在与德军作战中一败涂地，无力干预远在东欧的波罗的海三国。英法两国也不敢在这时候得罪苏联。

6月14日，莫洛托夫发表声明说："立陶宛力图使苏军无法在立陶宛驻军……立陶宛粗暴破坏了互助条约，并准备入侵苏联。"

苏联政府要求立陶宛政府：将斯库恰斯、波维伊季斯移交法庭审判；在立陶宛成立有能力执行互助条约的新政府；保证苏军自由经过立陶宛领土；在10个小时内作出答复，否则苏军将立即进攻。

在苏联最后通牒到期前15分钟，立陶宛外长乌尔布什斯通知莫洛托夫，立陶宛愿意接受所有要求，立陶宛政府集体辞职。

6月16日，苏联向拉脱维亚公使和爱沙尼亚公使分别递交声明，要求两国成立新政府并同意苏联驻军，限6个小时内答复。拉脱维亚和爱沙尼亚，在规定的时间内妥协。两国原政府各自宣告辞职。

苏联政府派特使杰卡诺佐夫、日丹诺夫、维辛斯基，分赴立陶宛、爱沙尼亚、拉脱维亚谈判组建新政府问题。三国总统接受了苏联指定的候选人，组成亲苏政府。

帕列茨基斯成为立陶宛总理，基尔亨廷成为拉脱维亚总理，瓦列斯成为爱沙尼亚总理。苏军完全占领立陶宛、拉脱维亚和爱沙尼亚。

6月22日，法国向德国投降。第二天，苏联照会德国将解决比萨拉比亚问题，还要求将比萨拉比亚问题扩大到整个北布科维纳。对德国来说，苏联等于打了德国一个重重的耳光。因为当时德国海

外石油来源被切断，罗马尼亚油田成为德国的主要油源。但苏联却要求得到罗马尼亚的油田。此后的数周内，希特勒对这一危险感到惴惴不安，越来越怀疑斯大林的真实意图。

德国政府向苏联提出，北布科维纳从来都不是苏联的，而且苏德协议也没有提及。德国反对苏联将布科维纳也纳入苏联版图。

6月26日，苏联照会罗马尼亚，指责罗马尼亚威胁苏联西南地区的安全。苏联还声明："罗马尼亚于1918年利用俄国内战，侵占的比萨拉比亚地区……苏联对比萨拉比亚被强占的事实永远不能承认。现在苏联不再弱小，罗马尼亚必须归还比萨拉比亚。罗马尼亚必须将北布科维纳割给苏联，作为罗马尼亚对苏联的赔偿。"

6月27日，罗马尼亚政府向苏联提出建议，希望双方在相互同意的前提下，进行友好蹉商。苏联政府对此十分不满，立即向罗马尼亚发出最后通牒，要求从6月28日起4天内，罗军从比萨拉比亚和北布科维纳撤军，同时要求罗马尼亚政府对所撤地区的一切设施负责保护，严禁短少和损坏。

6月28日，罗马尼亚被迫接受苏联的条件。6月30日，苏军进驻比萨拉比亚和北布科维纳。苏联又增加了51000平方公里，人口400万。8月2日，比萨拉比亚并入摩尔达维亚加盟共和国，北布科维纳并入乌克兰加盟共和国。

8月初，立陶宛、拉脱维亚和爱沙尼亚成为苏联的加盟共和国。苏联将三国划入版图。结果，苏联又增加了17.04万平方公里领土和586万人口。

苏联趁德国进攻西方国家之机，建立了"东方防线"，然而这对苏联这样一个拥有广阔领土的国家来说作用不大。另外，在整个西欧战役中，希特勒始终担心东线只留下 10 个师无法对付苏联的 100 个师，他对苏联戒心很大。

斯大林本想把"东方战线"作为抵御德国入侵的"屏障"。然而，事后证明，"东方战线"在加强苏联的安全地位上作用甚微。它反而使被占领地的人民极端痛恨苏联，甚至希望法西斯德国来解救自己，他们秘密向德国提供苏联驻军的情报。

有些国家认清了形势后，未等苏联兼并自己，争先恐后地向德国求援。"东方战线"反而壮大了德国的力量。

德国在苏联的"东方战线"秘密采取利诱、挑拨离间等手段，扶植反苏力量。芬兰对苏联存在严重的敌视情绪，德芬两国达成共同入侵苏联的协议。

罗马尼亚失去比萨拉比亚和北布科维纳两个地区后，罗马尼亚人民决心报仇雪耻。安东尼斯库上台后，在罗马尼亚建立了亲德的军事独裁政府，得到罗马尼亚各个阶层的支持。

匈牙利、罗马尼亚、斯洛伐克、保加利亚，先后加入轴心国，大大增加了德国侵苏力量。西班牙、瑞典和土耳其等国，都站在亲德反苏的立场上。

至 1941 年 6 月初，德国兼并希腊后，完成了对苏联西部月牙形的包围。苏联远东地区进出太平洋的航道随时有被德国封锁的可能。苏联从芬兰湾进出波罗的海，从黑海进出地中海，也有被封锁的可能。一旦爆发战争，苏联只能通过巴伦支海与美英等强国联系。

★安妮和她的日记

安妮·弗兰克是德籍犹太人。她留下来的日记使她闻名遐迩。安妮15岁时死于贝尔根－贝尔森集中营,她的日记成为第二次世界大战期间纳粹消灭犹太人的最佳见证,日记中展现了主人公惊人的勇气与毅力。

安妮出生于德国的法兰克福,是奥图·弗兰克一家的小女儿,家中还有父亲奥图、母亲艾迪斯、姐姐玛格特。由于当时纳粹德国排斥犹太人风气日盛。父亲奥图便放弃在德国的事业而将家庭

安妮·弗兰克

移至荷兰阿姆斯特丹。一家过着较为平静的生活。但是 1940 年 5 月后，荷兰被德国攻占之后，荷兰的新统治者英夸特也将排犹法律于荷兰执行，1941 年夏天，安妮姐妹因此转入犹太人学校就读。在这期间，安妮开始写日记。

但是在 1944 年 8 月 4 日，安妮一家由于有人告密而被德国警察逮捕。数日后所有人被转送到荷兰的威斯第包克集中营，一个月后，被转送到奥斯威辛集中营。之后，安妮与姐姐又被转送到贝尔根－贝尔森集中营，1945 年 3 月，姐妹都因伤寒死于营中，距离贝尔根－贝尔森集中营被英军解放不到两个月的时间。

安妮的日记由于公司女职员的保存而留了下来，1947 年安妮的日记出版了，成为纳粹德国迫害犹太人的珍贵的第一手资料。她的事迹后来被拍成电影——《安妮日记》。

现在阿姆斯特丹市中心的安妮之家每年前往参观的游客超过 50 万。当时这个犹太小女孩安妮和她的家人就藏身在这个小地方。就在此地，安妮写出了闻名于世的《安妮日记》。日记的原稿作为安妮之家永远的典藏向公众展示。

《安妮日记》传达了生活在绝境中的一群人的生活状态，展现了一个成长中的少女虽在绝境也不放弃的乐观，以及在艰苦的环境也阻挡不住的情感的萌发。

在《安妮日记》里生活的人，他们没有自由，生命随时都会因为一次偶然的暴露而丧失；他们没有起码的生活保障，连饱暖都成为奢求。

一个 16 岁的少女，最大的愿望是做一名记者和作家，却因为希特勒发动的一场邪恶的战争，于花季之龄死于纳粹集中营。

日记是安妮遇难前两年藏身密室时的生活和情感的记载。作为一名成长中的少女，她在日记中吐露了与母亲不断发生冲突的困惑以及对性的好奇。在种族歧视和战争迫害的社会大环境中，藏匿且充满恐怖的密室生活，在她朴实流畅的笔下，深深地揪动着每一位读者的心。因此，《安妮日记》不仅仅是一名成长中的少女心灵世界的独白，更是德军占领下的人民苦难生活的目击报道。

★今日格鲁吉亚

1991年，苏联解体，格鲁吉亚宣布独立。格鲁吉亚地处欧亚大陆的外高加索中西部，领土面积为6.97万平方公里。

格鲁吉亚西濒黑海，西南与土耳其相邻，北邻俄罗斯，东南与阿塞拜疆、亚美尼亚共和国相邻。

格鲁吉亚主要是山地，低地占13%，大部分地方的海拔在1000米以上。格鲁吉亚北部属于大高加索山脉，南部属于小高加索山脉。格鲁吉亚中部有山间低地、平原和高原。西部沿海为平原。

格鲁吉亚的首都是著名的古都第比利斯，位于外高加索的战略要冲，临库拉河。该市沿库拉河两岸以阶梯式向山麓展开。面积为348.6平方公里，人口约110万。

格鲁吉亚是黑海-里海和俄罗斯-土耳其之间的交通枢纽，同时是中亚地区向西欧输送石油、天然气和货物最短的运输干线。

格鲁吉亚的总人口约为439万（2007年），格鲁吉亚族占83.8%，主要民族有亚美尼亚族、俄罗斯族、阿塞拜疆族。居民信仰东正教，少数信仰基督教新教和伊斯兰教。官方语言为格鲁吉亚语，一般人懂俄语。

格鲁吉亚是个工业农业国，主要矿产有煤、铜、多金属矿石、重金石等。其中锰矿储量较多，水力资源丰富。

由于阿布哈兹、阿扎尔和南奥塞梯问题，格鲁吉亚的经济受到了很大的冲击。由于在本国找工作很难，十几万格鲁吉亚人移民俄罗斯。因局势长期动荡不安，格鲁吉亚人不愿意生育，使人口出现了危机。

波兰军事人员

抗议苏军占领拉脱维亚的民众

在路边设伏的芬兰士兵

苏德边界的苏军

佐尔格潜伏日本

苏联间谍里查德·佐尔格是在日本创造间谍奇迹的人，有"红色谍王"之称。佐尔格的精明之处就是，他从不去偷情报，而是争取他人的信任，使情报主动送到自己手中。

佐尔格的祖父是德国人弗·佐尔格，他于1895年出生在苏联一个加盟共和国。佐尔格曾作为德军士兵参加了第一次世界大战，他是在间谍生涯中达到人生巅峰的。

1925年，佐尔格加入苏联共产党，开始了间谍生涯。20世纪30至40年代，佐尔格以德国记者的身份在德国、中国和日本当间谍。

潇洒风趣的佐尔格善于与人相处，为人机警、聪明，口才很好。佐尔格做了一般人想都想不出的事情，掌握了大量的情报，为苏联在二战中的胜利做出了重要的贡献。

1932年9月6日，佐尔格以德国《法兰克福时报》驻日记者的身份来到日本横滨港，登上了日本国土，开始迈向间谍生涯的巅峰。

第二次世界大战中，佐尔格成为苏联的间谍巨星。在政局变幻莫测，充斥着警察与反间谍人员的东京，建立一个高效的间谍小组，十分困难。

佐尔格必须先网罗到忠诚可靠而且强干的人员，还要开发情报途径，开展间谍工作。佐尔格先是住在东京的"佐野"饭店，由于

住在公共场所搜集情报很困难，反倒容易暴露自己。于是，佐尔格
在长崎街 30 号租了一幢小房子。这里比较隐蔽，交通很好，最重
要的是，房子离德国大使馆很近，便于他开展间谍工作。

　　经过不懈的挖掘，佐尔格网罗起一些有志于反日的人士。一天
晚上，谍报小组的成员们在佐尔格家里开会，正式决定开展工作，
小组成员个个出类拔萃。

　　宫城与德是佐尔格收买的第一个成员，化名为永吉美芳，是位

苏联间谍里查德·佐尔格

画家。宫城与德于 1929 年加入美国共产党，为躲避美国政府的迫害，于 1933 年 10 月潜入日本。

1933 年 12 月底，宫城与德在上野博物馆与佐尔格联络。宫城与德的任务是与军界取得联系，收集日本的情报。

日本《朝日新闻》的记者尾崎秀实，曾驻上海。1934 年 1 月，宫城与德到《朝日新闻》社找到尾崎秀实，他们在奈良的寺庙中联络。尾崎秀实与佐尔格的交情很深。

那时，佐尔格以到中国研究银行业务为名从事间谍活动。两个人就日本的"满洲政策"进行了长时间的交谈。尾崎秀实认为，日本侵略东北必然与苏联冲突，从战略上讲，这会使日本与苏联之间没有战略缓冲地带。

日本并不惧怕苏联，日本多次向中国增兵，表明日本的战略决策已经在向入侵苏联做准备。尾崎秀实认为，以日本列岛狭窄的战略纵深和微弱的国力，日本与苏联对抗等于自取灭亡。日军在侵华战争中所暴露出来的弱点并不明显，但在与苏军的对抗中将成为日本国内矛盾爆发的导火索。

1932 年，《朝日新闻》调尾崎秀实回到东京后，他与佐尔格失去联系。

尾崎秀实没有加入共产党，但他认为自己是共产主义者，他无条件地帮助佐尔格。佐尔格分配给尾崎秀实的任务是获取日本政府、总参谋部的机密情报。

南斯拉夫共产党员布朗科·伍盖利奇是第四个成员。他是法国《生活》和保加利亚《政治报》的驻日记者，还是法国哈瓦斯通讯社驻日的代表。

伍盖利奇在大学时代加入了一个马克思主义组织。后来，伍盖利奇流亡巴黎，在巴黎献身于新闻工作，后到了远东地区。他的任务主要是从外国记者那里收集日苏关系和远东问题的情报。

在聚会上，佐尔格重申了"扎姆扎"小组的任务是关注"满洲事件"后日本的对苏政策，随时向苏联报告。佐尔格对每个成员委派了任务，他自己的任务是通过德国使馆搜集情报。

"扎姆扎"小组成员的主要难题是隐蔽和联络。他们要想活下去就必须做好隐蔽，在军国主义的阴云笼罩下，几乎每个外国人都受到日本反间谍机构的监视。要想开展间谍工作必须做好联络工

日本是一个岛国，拥有强大的海军，因此建造了许多海上"神社"，专为祭祀阵亡的水兵

作，否则，情报会因失去时间价值而成为废物。

情报通信成为进行秘密间谍活动的重要手段。通信工作关系到间谍工作的成败。由于总是出现技术故障，取得的情报不能通过无线电准时发出去，只得由信使经由上海和香港带走，这影响了情报的时效性，增加了危险性。

"扎姆扎"小组的发报员是贝恩哈特，两年来，他的发报技术低劣，经常影响联络。佐尔格很担心，他希望能收买一位无线电技术专家。佐尔格想到一位曾与他共同工作过的人，名叫马克斯·克拉乌岑，德国人，是苏共党员。

克拉乌岑曾与佐尔格同在上海工作，从上海回到苏联后在情报学校深造，精通远距离通信技术。佐尔格向总部提出派克拉乌岑来东京代替发报员贝恩哈特的要求，总部把克拉乌岑和夫人调到日本。

从此，克拉乌岑负责小组的收发报工作。1935 年 7 月至 8 月，佐尔格回到莫斯科。佐尔格接受了新的任务，向莫斯科报告日本陆军和空军的情况；日德关系的情况；日本对中国、美国、英国政策的动向等情况。

从 1936 年起，佐尔格建立的情报小组在东京成立，一场苏联在日本开展的情报战开始了。来到日本后，佐尔格采用各种手段，潜入德侨社团，最大限度地利用身份，开展间谍工作。佐尔格靠个人魅力取得德国驻日使馆武官欧根·奥特的信任，奥特把佐尔格当成密友，这为佐尔格搜集情报奠定了基础。

佐尔格把打入德国外交、军事和实业界看作最主要的任务。佐尔格逐渐赢得了德国大使及海、空军武官和盖世太保头目对他的信

被弾 ■ハイラル

砲台跡 ■大興安嶺

旧満州要塞地帯を歩く

絶望の国境

岩塁 ■アルシャン

列車砲陣地 ■虎頭・水泡

巨大トーチカ ■アルシャン

飛行場 ■アルシャン

自決現場 ■虎頭

1936 年的日本《朝日新闻》报

任，德国外交部在 1940 年 12 月认为佐尔格是"德国在亚洲最优秀的新闻记者"。

佐尔格是用头脑来搜集情报的间谍。佐尔格认为，不能把手伸向保险柜，而让机密情报自动来到自己面前。佐尔格认为，日本是个单一民族国家，排外情绪太重，即使是对与日本结盟的德国人也不例外。

日本政界紧紧关闭了对外国人的大门，对所有外国人的戒心，使外国人从日本搜集情报很困难，只能无功而返。

佐尔格从德国大使馆入手。由于德国与日本的密切关系使德国使馆就像巨大的情报库，有用之不竭的情报。

为了得到大使馆保险柜中的绝密材料，必须赢得大使的信任。德国使馆武官欧根·奥特上校是佐尔格的攻克对象。佐尔格到日本后，拿着《每日展望》的一位编辑的介绍信拜访奥特。这位编辑在信中赞扬了佐尔格的能力，认为佐尔格绝对忠诚可信，是个难得的人才。

奥特担负搜集日本情报的任务，负责向德国提供高质量的情报报告。奥特在这方面的能力不足，他写的报告内容空洞，根本不受柏林的注意，前程一片黑暗。

39 岁的佐尔格的到来帮了他的大忙，给他带来了希望。40 岁的奥特认为佐尔格素质高，富有教养、开朗活跃。奥特与佐尔格的年龄接近，属于同一代人，使他们的交情很容易得到进一步的发展。

佐尔格在第一次世界大战中在德军中当过兵，负过伤。奥特作为一名军官也参加了第一次世界大战，这使他们一见如故。

尾崎秀实

1933年底，迪克森成为德国驻日大使。在德国时，迪克森曾经读过佐尔格给《每日展望》写的一篇关于日本的文章，这篇文章在德国受到重视。

后来，迪克森又得知，德国外交部对日本的政治状况作判断并不是根据大使馆的例行报告，而是参考佐尔格所写的报道。

为了提高报告的质量，迪克森决定利用佐尔格的文笔，在起草致柏林的报告时加入佐尔格的意见，迪克森经常事先与佐尔格就各方面的情报进行广泛的交流。佐尔格以大使的高级顾问身份出入德国大使馆。

佐尔格间谍工作的最大特点就是取得敌人的信任，通过敌人交给的任务来完成间谍工作。为了赢得敌人的信任，佐尔格采取各种手段。他加入了纳粹党，利用1936年2月26日发生在日本的未遂政变事件，在德国产生巨大的影响，巩固了他的地位，取得了迪克森的宠信。

当时，日本大选刚结束，青年军官支持的"政友会"在日本议会中只得到5个席位。"政友会"代表日本军界中的好战分子，主张与德国签订盟约，尽快入侵苏联。在荒木和真崎的密谋下，青年军官们发动了政变。

2月底的东京天寒地冻，冬雾弥漫。东京街头的枪声和荷枪实弹的士兵使人不寒而栗。叛乱的军官们带兵冲向首相官邸，首相藏在避难所里，逃过追杀。

前首相斋藤实、大藏相高桥是清、教育总监渡边锭太郎等人成为叛乱者的牺牲品。叛乱者占领首相官邸、陆相官邸、陆军省、警视厅及附近地区，准备建立军政府。

1933 年的日本工厂

《朝日新闻》是日本很有影响的报纸，为了控制舆论，叛乱军官带兵冲入编辑部，尾崎秀实给佐尔格打电话通知发生的情况。叛乱军官命令所有的编辑原地不动，封锁消息。他们还攻占了邮电局、电话局、电报局和警察局并发出最后通牒，要求"解散议会""吞并苏联""任命真崎为关东军司令"。

佐尔格来到编辑部，守卫的日本兵对德国人十分友好。

希特勒对这一切并不知情，急于在政治上做判断。德国大使迪克森对这次政变一无所知，对 2 月 26 日发生的事件弄不清楚，无法向柏林报告。这时，佐尔格在《法兰克福时报》发表了题为《东京发生军事政变》的文章，解开了所有的疑团。

这场叛乱几天后被平定，15 名叛乱军官被绞死。佐尔格的判断得到证实，佐尔格要求对这一"事件"进行分析，迪克森拿出了德国秘密文件给他看。就这样，佐尔格利用这次未遂政变事件提高了自己的地位，进一步取得了迪克森的信任。

奥特升任德国驻日大使后，佐尔格不仅自由出入大使馆，而且接触到大量秘密文件，对搜集德国和日本的情报更加方便。

尾崎秀实也潜入日本上流社会，利用分析积极影响日本政府的决策，发挥了间谍威力。

佐尔格从高层关系网中得到原文的情报文件，但他不相信这些情报，在每份情报报告中都加入自己的分析，这是佐尔格的重大特征，他发出的每份报告都是精品，而不是初级情报。

佐尔格总结搜集到的大量情报，认真分析，对日本政治局势的发展、日本政府采取的步骤作出准确的预测。1936 年 3 月至 4 月，佐尔格利用与奥特的特殊关系，看到一份密码电报，掌握了日本驻德大使小岛与德国外长里宾特洛甫在柏林秘密谈判的情况。

根据佐尔格发回的报告，苏联政府掌握了谈判的详细内容。佐尔格还搜集了 1936 年 11 月 25 日，德日签订的《反共产国际条约》的秘密部分。

佐尔格几乎成为万事通，从德国人那里获得的大量具有价值的情报，简直让人不敢相信。佐尔格了解到：德国和日本的幕后外交；德军的情报；《反共产国际条约》各个准备阶段的秘密情报；"日德军事联盟协议"的信息。

佐尔格预先得到日本对中国和东南亚军事计划的秘密情报。当这些情报汇集在一起时，佐尔格掌握了日本战略的目标、步骤以及当时的形势。

尾崎秀实在日本情报机关的威信也在逐渐扩大，他进入日本上层社会。尾崎秀实在中国的报道使他成为名人，日本政要经常听取尾崎秀实的意见，他趁机了解大量的机密。

尾崎秀实曾在题为"张作霖的军事政变和中国"的文章中分析了中国的政局，论证持久战对日本的危害，引起日本政府的重视。他说，张作霖的政变不会导致国民党的垮台，但会增强共产党人的地位，使游击队力量进一步增强。

后来，历史证明了尾崎秀实的预测。这篇文章加强了尾崎秀实在日本上流社会的地位。1937 年 7 月 7 日，日本发动"卢沟桥事变"。尾崎秀实认为这是演变成"世界大战"的危险信号，要求面见一位政府的干事长，但被拒绝。

1939 年 6 月，一位日本高级官员推荐尾崎秀实进入日本外交部的经济委员会，尾崎秀实成为重要人物。那位干事长知道后，邀请

尾崎秀实作为日本政府的对华顾问。在首相官邸的一层楼里，尾崎秀实自由出入内阁书记和干事长办公室。

"扎姆扎"小组杰出的间谍工作，使苏联政府看清德国的战略企图，了解日本在亚洲的动向，把握了战略的主动。

二战爆发后，自1941年起，"扎姆扎"的任务变成搜集日苏关系的情报、德军入侵苏联的日期、日美谈判等情报。

★看不见的战线

德国入侵苏联以前建立了许多间谍和反间谍组织。在卡纳里斯、舍伦贝格和希姆莱的组织和策划下，德国间谍组织对苏联进行了大量的秘密行动。

与此同时，苏联间谍和反间谍机构展开了针锋相对的斗争。苏联间谍和反间谍机构通过各种渠道，从各种来源获得了大量供苏联军政高级领导参阅的情报。

1940年7月，戈利科夫将军出任苏军总参谋部情报部部长。苏军情报部掌握了大量德国觊觎苏联的情报。比如，德国的军事潜力、动员措施、师团数量、配属、德军部署等等。

1940年夏季，德军从西欧、中欧、巴尔干地区和德国本土向苏联边境大规模调动，都处于苏联情报部的严密监视下。

苏联间谍向情报部通报了德军各集团军及各军、师的数量、构成和部署等。苏联情报部获取了德军进攻苏联的主要战略方向，以及德军突袭的大概日期。

苏联驻各国外交大使、武官及其工作人员向苏联系统而全面地报告了德国准备入侵苏联的情报。另外，苏联还从欧洲反法西斯地下组织那里获得许多类似的情报。

　　1941 年 3 月 20 日，苏联情报部得到德军预计在 1941 年 5 月 15 日至 6 月 15 日之间入侵苏联的情报。对待这一情报，苏联情报部认为，"有关针对德苏的战争不可避免地发生在今年春季的种种传闻，很可能是英国甚至是德国间谍故意施放的烟幕。"

　　苏联情报部的结论，影响了苏联国防人民委员部和斯大林的正确观点。

"扎姆扎"小组预警

情报通信在当时是最危险的事情之一。发报机设在马克斯·克拉乌岑的住处，后来设在伍盖利奇家里。为了妻子的安全，伍盖利奇与妻子艾迪特离婚了。

佐尔格把联络点设在距离东京60多公里的地方。克拉乌岑经常变换发报手法，转换发报地点。日本反间谍机关无法准确地找到发报地点，伍盖利奇躲过了无数次灾难。

日本反间谍机关在德国订购了最新式无线测向器，开始对几年中未能捕获的无线电发报机展开搜捕工作。"扎姆扎"小组在东京的处境更加危险。然而，"扎姆扎"间谍小组克服困难，不断向莫斯科发出重要的情报。

直到佐尔格被捕以前，日本反间谍机关也没有找到发报地点。有一次，警察检查了克拉乌岑的证件。他们发现了汽车，让他打开汽车后盖。手提式无线电发报机就藏在后盖中。警察用手电筒照了照，没有看到用脏布盖着的发报机。

佐尔格为了发出情报，经常在东京骑摩托车。有几次，佐尔格受到警察的怀疑，差点带着情报进入警察局。

佐尔格的报告事关重大事项，他常向莫斯科发超长密电。超长密电更容易被侦测定位。

一天深夜，克拉乌岑的房间电话响了。原来，佐尔格出了车祸，需要立即手术。佐尔格在见到克拉乌岑以前，拒绝上手术台。

　　克拉乌岑赶往医院，佐尔格忍受着巨痛的折磨，交给克拉乌岑一个小包，那是一份情报。然后，佐尔格被推进手术室。原来佐尔格从德国使馆返回的路上，撞上了石头围墙。

　　"二战"开始后，德国闪击波兰，横扫西欧，苏联面临德军入侵的巨大压力。德军在欧洲所向披靡，坚定了日本在亚洲向南扩张的信念，日本国内的好战气氛猛升。

二战时期情报人员使用的无线电发报机

　　佐尔格从奥特大使处得到日德准备签订反对美英协议的情报。1940 年 7 月 22 日，日本近卫内阁成立，主张与德国结盟的松冈出任外相。

　　松冈曾对奥特说，日本愿意与德国结盟。近卫内阁发表关于日本建立东亚新秩序的声明。尾崎秀实得到了相同的情报。

　　这显然是一份极为重要的战略情报，苏联在 1940 年 9 月 27 日德日意《三国条约》签订以前就知道其内容了。

　　日本人尾崎秀实出生于 1901 年，曾长期住在台湾，从小就对中国很感兴趣。1922 年，尾崎秀实考进日本东京帝国大学法学部政治学科，学习和研究马克思主义。

　　1926 年，尾崎秀实毕业后在朝日新闻社工作。1928 年 11 月，尾崎秀实出任《朝日新闻》驻上海特派员。这期间，他在新闻报道之余，著有《暴风雨中的中国人》《现代中国论》等。

　　在上海期间，尾崎秀实同很多左翼文化人士交往。鲁迅对尾崎秀实的印象很好，认为他诚实可靠。尾崎秀实与夏衍、冯乃超、王学文、郑伯奇、田汉、成仿吾等交往密切，帮助他们开展"左联"的工作。

　　中共党员陈翰笙介绍尾崎秀实结识美国进步记者史沫特莱。尾崎秀实和史沫特莱均对中国很感兴趣，他们很快成为志同道合的朋友。尾崎秀实说史沫特莱是坚强的革命者，史沫特莱说他"对中国的解放事业，既有深刻理解又有坚定信仰"。

　　夏衍在《懒寻旧梦录》中，将尾崎秀实与日本进步记者山上正义、美国进步记者史沫特莱相提并论。

　　尾崎秀实是上海的日本共产党和日本进步人士的重要人物。共

　　产国际派佐尔格到上海从事情报工作，尾崎秀实经常将日本的重要
情报送给佐尔格。尾崎秀实还经常把共产国际动态转告中国友人。

　　1932年2月，尾崎秀实回到日本后，他仍在朝日新闻社上班。
他就日本和东亚问题发表大量评论。他遵守对史沫特莱的承诺，将
史沫特莱的自传体小说《大地的女儿》翻译为日文出版。

　　1933年9月，佐尔格赴东京搜集情报。1934年4月，佐尔格
与尾崎秀实再次相聚，他要求尾崎秀实向他提供日军情报。尾崎秀
实将日本共产党员组织起来，潜伏到重要的军政部门。

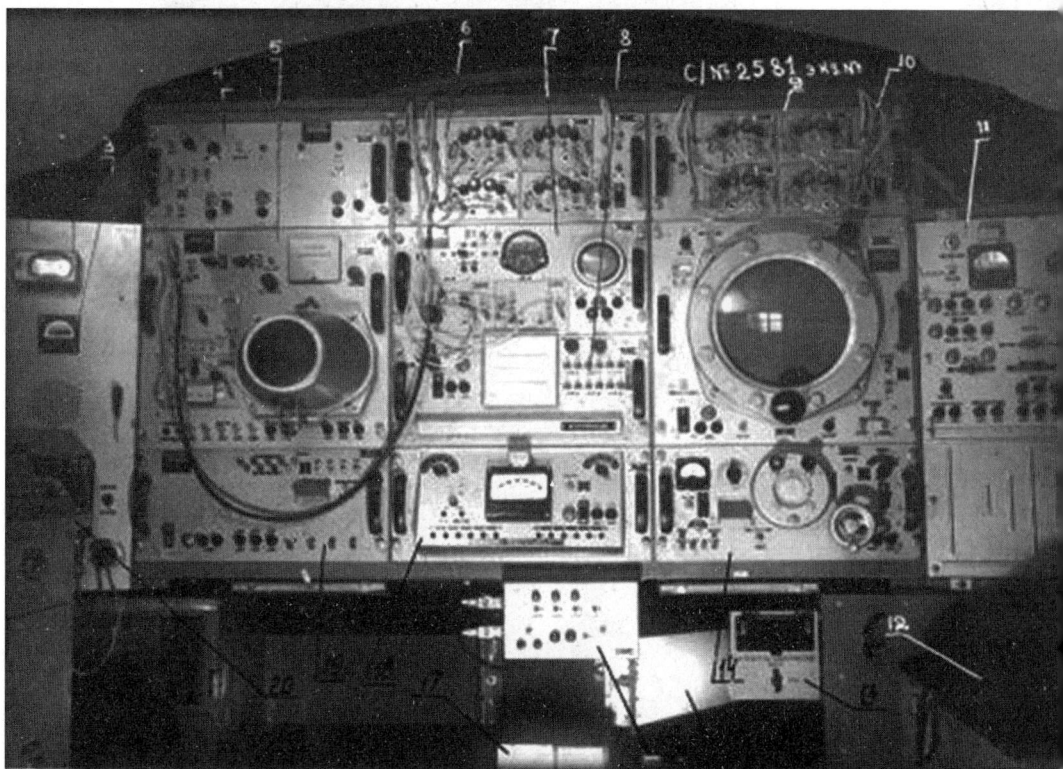

二战时期的反间谍设备——无线测向器

　　1935 年底至 1936 年初，尾崎秀实来到中国华北采访局势。他报道了中国共产党的抗日主张。1936 年，"西安事变"发生时，尾崎秀实对事变原因及解决方案做出了独到的见解，在日本国内引起轰动。西安事变的结果印证了尾崎秀实的见解。在日本新闻界，尾崎秀实成为公认的"中国通"。

　　1937 年 6 月，尾崎秀实担任近卫文麿首相的顾问兼秘书，他的主要任务是提供中国的情况，提出对中国事务的处理意见。他能够

日本首相近卫文麿

自由出入首相府，参加首相举行的会议。

在此期间，尾崎秀实将许多情报秘密通过《朝日新闻报》记者中西功（已加入中国共产党）发往延安。毛泽东等领导人对尾崎秀实的情报非常重视。

尾崎秀实向佐尔格提供了关于日本将陷入对华战争泥沼的情报，据说对斯大林作出援华的决定产生重大影响。

自 1941 年起，"扎姆扎"小组收集了大量日苏关系的情报、德国入侵苏联的可能日期、日美谈判的进程等情报。

1941 年春，佐尔格弄清了希特勒完成了发动反苏战争的准备计划的详细情报。

1941 年 4 月 17 日，"扎姆扎"小组向莫斯科发出紧急密电："苏德间的战争可能在松冈回东京后开始，德军总部已完成了战争的全部准备工作。扎姆扎"

就在苏联军民抵抗德军最艰苦时，佐尔格向莫斯科报告，日本不打算入侵苏联，斯大林把西伯利亚方面军的主力从远东地区调到莫斯科，莫斯科保卫战才获得了胜利。

1941 年 10 月 18 日，日本政治保安局的大阪大佐进入首相官邸。"首相阁下，德国记者，驻我国大使奥托的朋友佐尔格多年来是苏联间谍，长期未能破译的密电报就是此人领导的扎姆扎小组所为。请首相签署逮捕令。"

东条英机感到此事非同小可，佐尔格博士是著名的国际问题观察家，弄不好会涉及与德国的邦交事宜，必须小心行事。

东条说："你们有什么证据？"

"此次侦破实属偶然，几天前，我们逮捕了名叫宫城与德的画

家。在午餐休息时，他突然从三楼窗口跳下。一名侦探跟着跳下去，他们落在树上，宫城与德摔断了一条腿。晚上，我们不让他睡觉，用上千瓦的灯光刺激他。他供出的人物一个是前首相近卫文麿的中国顾问尾崎秀实，另一个是佐尔格。原来，与前首相共商大事的尾崎秀实竟是马克思主义者，太可怕了。近卫辞职的当

东条英机

天，我们逮捕了尾崎秀实，但不敢逮捕佐尔格。经过广泛调查，才确定佐尔格是间谍，而且是头目，其组织叫扎姆扎小组，请首相签署逮捕令。"

于是东条英机把签好的逮捕令递给大阪。

大阪离开首相官邸，出动宪兵向佐尔格的住处扑去。佐尔格被捕的消息轰动了全世界，奥托向日本外务省提出强烈抗议，要求会见佐尔格。日本外务省解释说很快就会水落石出。

几天前，佐尔格向莫斯科发去了电报："关于苏联，日本政要一致认为，即使德军战胜苏军，日本也要等到明春出兵苏联，因为美国问题和南进问题远比远东问题重要。"

斯大林得到这份精确的情报后，把驻远东地区的主力部队调往莫斯科地区。这是佐尔格发出的最后一份情报。

在警署内，宪兵想尽办法让佐尔格交代罪行，最后把搜集的罪证交给佐尔格。后来，佐尔格被关到巢鸭监狱。

佐尔格保持着冷静思考，通过身份认定保护自己。佐尔格发现，日本人把他当成德国间谍了。佐尔格为了自救，招认了自己是苏联间谍。

当时，苏联与日本之间没有正面的军事冲突。佐尔格企图使日本人相信，苏联的谍报工作并不针对日本，而是针对德国。佐尔格想让日本人相信，"扎姆扎"小组是为共产国际工作，是为了意识形态工作，而不是军事间谍。佐尔格想让日本人相信，他们为了日本人民的利益，力图使苏联和日本之间维持和平。

日本政府几次向苏联提出用苏联在押的日本军官来交换佐尔格，但苏联没有答应交换的条件。

克拉乌岑（后排右三）与欧洲军事人员合影

在狱中，佐尔格想到了时间，时间或许能够拯救他们。为了拖延时间，第一个月里佐尔格什么都不说，每次提审他时，他只是从审讯员的言语中套出消息。结果，他受到了严刑拷打。

佐尔格认为，如果日苏关系发生急剧的变化，日本对待他们的态度可能会转变。

佐尔格通过指责战友达到保护他们的目的。不过他发现，时间救不了他们。根据日本的法律，小组的每个成员都会被判死刑。

在小组中，佐尔格和尾崎秀实是骨干，大部分情报出自他们之手。伍盖利奇、宫城与德和克拉乌岑仍有活命的希望。

两个月后，佐尔格像发泄一样，指责每个战友，日本人以为掌握了"扎姆扎"小组的内幕。佐尔格通过这种方法为战友开脱罪责。佐尔格指责克拉乌岑对工作不负责任，说克拉乌岑只忙着做生意，一心想发财；克拉乌岑的妻子安娜对苏联极端仇视，反对"扎姆扎"小组的存在，结果与克拉乌岑离婚了。

日本情报机构相信了佐尔格的说法，美国情报机关战后也根据日本情报的档案记载做出了错误的判断。

事实上，克拉乌岑发出 10.6 万组数字电文，2000 多份电报，平均每天发出两份电报。

佐尔格指责伍盖利奇和宫城与德提供的情报毫无价值，还指责伍盖利奇把精力用在记者工作，提供的材料是每个记者都知道的新闻。宫城与德也是如此，根本没有用处……

经过长时间的思索，佐尔格找到了日本法律的漏洞。日本法律没有明文规定要保守机密，这样一来，小组的活动没有任何罪责。

1943 年 8 月，东京地区法院开庭审理"扎姆扎"案件。在法庭

上，佐尔格举出日本法律的不完善之处：日本法律没有规定要有责任保护机密，日本法律在这一点是相互矛盾的，不能只根据泄露秘密来定罪。

日本法官的自尊心被激怒，他们只能从日本立法的本质进行解释。佐尔格反驳道："凭什么逮捕伍盖利奇和克拉乌岑？他们没有直接参与过情报活动，他们没有对日本造成危害，各国驻国外的记者与他们有什么两样，驻在莫斯科的日本记者不也在报道苏联的新闻吗？形式上加入了某一组织并不等于他们有罪。如果无法断定他们有罪，那么指控是错误的。"

佐尔格说："德国大使馆人员自愿告诉我情报的，我从没有采取偷或抢的方法。德国大使奥特和海军、空军武官自愿请我帮他们写报告。尾崎秀实的消息是从前首相那里得到的消息，这种消息在许多政要那里都能间接得到……"

法官们张口结舌，他们控制不了局面，只好草草收场，硬性判决。最后，佐尔格不承认有罪："我们没有违犯日本的任何法律。我们从事的共产主义运动有什么罪？你们制定的是什么样的法律？十月革命为我们指明了道路，我们支持世界共产主义运动。我所做的一切，我选择的道路是正确的……"

1943年9月29日，东京地方法院宣判佐尔格和尾崎秀实死刑。伍盖利奇和克拉乌岑被判处无期徒刑，安娜·克拉乌岑被判处7年徒刑，后来被改判3年徒刑。

佐尔格和尾崎秀实向日本最高法院提出上诉。在上诉书中，佐尔格为战友辩护，希望以死来换取战友的生命。1944年1月和4月，最高法院驳回佐尔格和尾崎秀实的上诉。

1944 年 11 月 7 日上午 9 时，佐尔格和尾崎秀实走上绞刑架。尾崎秀实在给妻子的遗言中写道："我不是胆小鬼，我不怕死。"佐尔格走到绞刑架下时，自己把绞索套到了脖子上。

伍盖利奇被判处无期徒刑，比佐尔格和尾崎秀实多活了两个月。他在服刑期间受尽折磨。冬天气温达零下 40 度，监狱的条件恶劣，伍盖利奇缺衣少食，睡在结冰的草席上。伍盖利奇经受折磨，临死前体重只有 64 斤。

克拉乌岑夫妇终于迎来了 1945 年 8 月 14 日。获释后，他们来到莫斯科。1946 年，他们回到德意志民主共和国。为了纪念佐尔格，苏联的《真理报》于 1964 年 11 月 6 日发表了有关佐尔格的真实情况。

1964 年 11 月 5 日，苏联追授佐尔格为"苏联英雄"称号。

★反法西斯阵线的情报

德国反法西斯人士冒着生命危险，在德国占领国和中立国搜集了大量情报，并把情报送到苏联、英国、法国和美国。

德国有个反法西斯组织，代号为"红色乐队"。它接触了德国秘密警察的文件，将文件送给了苏联人。

1941 年 2 月初，一位德国印刷工人来到苏联驻柏林领事馆。他掏出一本《俄德会话手册》，上面是用俄语印着："你是共产党员吗？""举起手来！""我要开枪了！""投降吧！"等等。这本手册立即被寄到莫斯科。

1941 年 3 月开始，关于德国准备攻打苏联的传闻扩散到整个柏林，这些传闻都被苏联情报部获悉，而传闻中提到的进攻日期

却不一致。

1941年5月底，苏联驻柏林使馆外交官谢苗诺夫参赞写了份报告：德国做好了进攻苏联的准备，德国随时都可能进攻苏联。

苏联驻柏林的海军武官沃龙佐夫向苏联海军人民委员部发出报告。他几乎提出了准确无误的战争开始日期。但海军人民委员库兹涅佐夫上将对该情报不予重视。库兹涅佐夫在上交给斯大林的一份报告中，认为沃龙佐夫的情报是假的。结果，这份情报和其他许多情报一样都成了"假情报"。

匈牙利共产党员山多尔·拉多在瑞士建立了情报组织——"拉多小组"。德国的反法西斯人士鲁道夫·缪斯勒是拉多获得情报的一个来源。

缪斯勒与几个德国军官组成的"维金人"小组保持着密切的联系。这几个军官在德军总参谋部和最高统帅部任职。

希特勒签署"巴巴罗萨"计划20天后，"维金人"小组将详细计划送给缪斯勒，缪斯勒将情报送给拉多，拉多再将详细计划通报给苏联。

1941年2月底，拉多向苏联报告说："德国将于5月底进攻苏联。"3月底，拉多向苏联报告说："希特勒将战役推迟4周。"

1941年6月12日，拉多向苏联报告说："总攻将于6月22日凌晨进行。"

"巴巴罗萨"计划出台

在希特勒的心目中，苏联一直是不共戴天的死敌。在意识形态上，社会主义苏联是德国无法容忍的异类，消灭红色苏维埃政权是希特勒全盘计划中早晚的一步。希特勒一旦对苏开战，这场战争就会具有整个欧洲讨伐危险的布尔什维克的意义，就像第二次十字军东征一样。

希特勒对于斯大林的印象是：这个家伙和我一样，会使用欺诈的手段，会在对自己有利时背弃任何条约，说不定什么时候苏联会主动进攻。事实上，《苏德互不侵犯条约》签订以后，希特勒越来越感觉到背后苏联这根刺。

希特勒在前面指挥德军在法国大地上挥戈猛进，苏联却悄悄地在他背后用和他如出一辙的手段扩张。大量情报表明，丘吉尔正在极力拉拢苏联参战，苏联有可能与丘吉尔结为同盟，而从背后直接进攻德国。这样的话，德军将在毫无准备的情况下，被动地陷入两线作战的不利局面。不止于此，最重要的是苏联实际上掌握着德国的经济命脉。

随着战争规模的不断扩大，德国对原料的依赖越来越大，其中一大部分如橡胶、石油、铜、铂、锌、石棉、黄麻和钨等原料只能由苏联供应。尽管苏联当时还根据签订的条约进行供应，但毕竟让人放心不下。

如果对英战争没完没了地打下去，而美国的军事实力会像希特

德军高级将领研究"巴巴罗萨"计划

勒估计的那样，在 1943 年充分地显示出来，那么，德国必须在原料上彻底依靠苏联。一旦苏联变卦，等于是釜底抽薪。一旦打败苏联，情况就不同了，德国可以完全放心地从苏联攫取原料和农产品：乌克兰的小麦，顿巴斯的煤炭和矿石，科拉半岛的镍，高加索的石油，白俄罗斯的木材等等。

德国的战争潜力绝对处于下风，而且，随着战争的拖延，美苏两国迟早会参战，德国将无法抗衡美英苏这三个大国从两个方向的联合进攻。与其如此，不如先集中兵力，以闪击的方法迅速解决掉苏联。这样一来，就能彻底稳固自己的后方，并且获得极大的资源优势。

希特勒另一个如意算盘就是，迅速解决苏联能为日本消除隐患，从而大大地支援日本。而支援日本，等于牵制了美国，这使得美国无法分兵与德对战，同时将英国逼上孤立无援的绝路，迫使英国放弃抵抗，与德国合作。如果希特勒的这个想法实现，那么对苏作战就不是两线作战的险招，而是一箭双雕的妙计。

唯一让希特勒犹豫不决的是，苏联对他来说太神秘了，德军最高统帅部无从了解苏联坦克和飞机的数量，而德国情报部门的报告也只是猜测，而不是判断。至于苏联平时或者战时可能组建的陆军师的数目，希特勒也没有可靠的情报资料。

希特勒的情报部门只能以苏联人口和估计的工业潜力为依据，草率而粗略地判断敌情。同时，希特勒的情报部门对苏联最高统帅部和主要将领几乎一无所知。

由金策尔主管的德国情报部门在1941年1月1日出版的一本关于苏联武装部队手册，暴露了德国情报部门在工作上的缺陷。手册坦率地承认，关于苏军战斗序列方面的情报几乎是一片空白，至于苏联有多少个方面军（集团军群）和集团军，也没有确凿的数据能够说明。手册没有详细介绍苏军的编制装备。只是推测，给集团军配属骑兵部队或摩托化部队是可能的。

换个角度来说，苏联到底潜藏着多大的战争潜力，苏联究竟会有多大程度的抵抗，希特勒都无从知晓。但是，希特勒找到了一个最好的参照物，那就是1939年的苏芬战争。在那场力量对比完全倒向苏联的战争中，苏军表现得异常低劣。

为对付仅有350万人口的芬兰（一共有15个步兵师、60辆坦克），苏联竟动用了50个师，上百万军队，11000多门大炮，3000

苏军的战争潜力对希特勒来讲是一个谜。图为30年代初期的苏军士兵

多辆坦克和3000架飞机，耗时4个多月，伤亡26万人（是芬兰军队伤亡的三倍多）。这与德国在欧洲的横扫千军、势如破竹的攻势形成了鲜明的对比。

想到这些，希特勒颇为得意，认为苏联是愚昧落后和外强中干的，苏军的武器装备远远落后于德军。毫无疑问，斯大林的大清洗造成了高级军事将领的严重匮乏，军队指挥能力低下。

于是，希特勒乐观地作出判断：一旦开战，"在指挥、物资和部队诸方面，我们将登上有目共睹的巅峰，而苏联会陷入明显的低谷……苏联将一触即溃"。并且德军一旦入侵，苏联政局必将发生动荡，苏联社会主义很可能就此迅速瓦解。"我们只要踢开屋子的大门，整个腐朽的屋子就会立刻倒塌。"

希特勒的决心一旦下定，就不会轻易改变。希特勒知道，这是一场赌博，但希特勒更相信，最后赌赢的一定是他。

为此，希特勒侵略苏联的"巴巴罗萨"计划逐渐浮出水面。消灭苏联是希特勒的既定方针。在《我的奋斗》一书中，希特勒称："必须把苏联从欧洲国家的名单中划掉。"与苏联缔结互不侵犯条约后不久，希特勒在一次机密会议上宣布："条约只是在对我们有用时，才有遵守的必要，一旦我们在西方腾出手来，我们就可以对苏联作战。"

1940年6月初，希特勒曾向德军A集团军群总司令龙德施泰特说过："我真正的伟大使命，是同布尔什维主义算账。"德国灭亡法国，直下西欧，把英军赶出欧洲大陆。这时，希特勒认为，他已经从西方腾出手来，可以考虑对苏作战了。

7月21日，希特勒要求陆军为闪击苏联做好准备。7月底，

集结在苏德边界的德军重型火炮

在伯格霍夫会议上，希特勒下令参谋部门正式制定对付苏联的作战计划。

8月，德军开始初步拟定"巴巴罗萨"计划，初步拟定工作以德军两次军事演习的进行而结束。德国参谋总部下达"重建东方"密令，开始向东线调集大军，沿苏联西部边界大量修筑战略公路、铁路、桥梁和屯兵点。之后几个月，德军参谋总部连续制定了几个作战计划，但都停留于设想阶段，没有付诸实施。

随着不列颠空战的失败，希特勒再次把目光转向苏联，决心消灭社会主义苏联。希特勒说："要打败英国，少不了扩充海空军，也就是要削弱陆军。但只要苏联依然是个威胁，就万万不能削弱陆军。"希特勒还说，丘吉尔之所以负隅顽抗，就是因为对苏联抱有希望。于是，德国对苏作战进入实际部署阶段。

11月底至12月初，陆军总参谋部设在佐森，在保卢斯的指挥下，德军开展了大规模的军事演习。陆军总参谋部的哈尔德、作战部部长豪辛格和其他高级参谋人员参加了演习。演习结束后，哈尔德主持召开秘密会议，论论如何利用演习的成果。在这次会议上，德军参谋部人员详细讨论了苏联的经济和地理情况，并研究分析了苏联军队。

12月5日，希特勒主持召开秘密会议。哈尔德等陆军高级将领们向希特勒汇报攻打苏联的计划。这个计划是根据陆军参谋部的演习成果制定的。希特勒和布劳希奇及哈尔德，最高统帅部的凯特尔和约德尔对进攻苏联的计划中的每一步骤和战术细节进行了归纳，并最终确定了下来。希特勒采纳了布劳希奇元帅关于主攻方向为莫斯科的建议。

为做好闪击苏联的准备，德军进行了大规模军事演习。图为一队参加演习的德军侦察兵。

　　计划的核心内容是：根据既定计划快速备战，战役发起的时间初步定为 1941 年 5 月。希特勒批准了该计划。但计划中还有两种意见的分歧。

　　随着对整个计划的了解，希特勒最终醉心于这一伟大的历史上绝无仅有的无与伦比的庞大计划。希特勒把这个计划最终定名为"巴巴罗萨"。

　　"巴巴罗萨"计划规定："德军要在一次快速的战役中击败苏军，要在对英战争没有结束前打垮苏联。为了达到这一目的，陆军必须投入最大的力量，但也需要一部分兵力保卫本土和占领区，防止受到突袭。"

12月6日，作战部部长约德尔委托瓦尔利蒙特将军根据会议通过的决定，起草了对苏作战的训令。12月12日，瓦尔利蒙特将第二十一号训令交给约德尔。约德尔修改过后，立即呈送希特勒批准。12月17日，希特勒从头至尾看了一遍这个大胆而凶猛的计划，非常满意。12月18日，希特勒签署"巴巴罗萨"计划的第二十一号训令，"巴巴罗萨"计划最终确定下来。

如果一切都能像计划那样完美地实现，那么，这场战争所取得的胜利简直太"伟大"了，它必将成为人类历史上的一次转折，更会成为战争史上的奇迹。希特勒想："只有日耳曼民族的勇士，第三帝国的钢铁雄师，只有我希特勒才配得上这样辉煌的胜利。"同时，希特勒感到，为实现这样一个计划，他必须冒一定的风险，付出一些代价，但这些都是值得的。

最后，希特勒下定决心，动用一切可以动用的力量，集中最精锐的部队，挑选最得力的将士来执行这个充满冒险精神的计划。

"巴巴罗萨"计划是以歼灭战略为基础的。"巴巴罗萨"计划分为三个部分：一、总目标概论；二、介绍德国在反苏战争中的盟友；三、关于在陆地、海洋和空中实施军事战役的计划。

"巴巴罗萨"计划规定：使用德军装甲兵、摩托化兵、炮兵、步兵和航空兵的庞大兵力，分别从苏联西部边境的西北、西南和正西三个方向实施强大突击，分割围歼苏军主力，然后长驱直入苏联的腹地，进抵阿尔汉格尔斯克、阿斯特拉罕一线。

计划的核心在于一开始就集中优势兵力，以隐秘性、突然性速战速决。"巴巴罗萨"计划要求德军做好准备，以便在对英战争结

希特勒对"巴巴罗萨"计划信心十足。左起为凯特尔、戈林、希特勒、马丁·鲍曼在一起

束前，快速战胜苏联。

"巴巴罗萨"计划规定的德军最重要的战略目标为：通过坦克的高速奔袭进行突破，歼灭苏军主力于西部边境。"巴巴罗萨"计划规定，此举必须歼灭苏军主力的 2/3，而剩下的苏军将被罗马尼亚和芬兰牵制在侧翼。"巴巴罗萨"计划的主要目标为："顺着阿尔汉格尔斯克至伏尔加河一线将苏联的亚洲部分隔离。"

"巴巴罗萨"计划将列宁格勒、莫斯科、中部工业区和顿涅茨河流域列为重要军事战略目标。而其中莫斯科为"巴巴罗萨"计划的重中之重。"巴巴罗萨"计划规定，德军在 3 个方向上实施进攻：第一集群"北"集群，向列宁格勒方向进攻，将苏军消灭在波罗的海海岸；第二集群从波兰向明斯克、斯摩棱斯克进攻，消灭在白俄罗斯的苏军；第三集群向基辅进攻。德军占领列宁格勒和喀琅施塔得后，继续进攻莫斯科。从芬兰进攻列宁格勒和摩尔曼斯克；从罗马尼亚进攻莫吉廖夫 – 波多利斯基、日梅林卡，直到黑海海岸。

12 月 18 日，在柏林东南的佐森，德国陆军司令部的地下作战室里，希特勒将他的将军们召集起来，宣布了二十一号训令，即"巴巴罗萨"计划。希特勒嘴里发出的声音语调激昂，摄人心魄："将军们，"希特勒从将军们的背后走向桌子的另一端，"我今天刚刚签署了第二十一号训令，即对苏作战计划。"

希特勒的目光依次闪过布劳希奇和哈尔德的脸，对准了他的亲信高参凯特尔的眼睛："你们知道，我历来对苏联没有什么好感，它愚昧、落后、保守、自私、贪婪，它的存在是世界的耻辱！"

希特勒拍了一下博克，眼中射出火一样的光芒："把它从地球上消灭，是我们德意志民族天经地义的责任。"

希特勒走到长桌的另一端，突然一个急转身，说："它的内部已经腐朽不堪，它的部队已经被证明是涣散软弱的，我原本不想把如此之多的德意志英雄们送上进攻苏联的前线。"这时候，希特勒突然昂起头，挥舞起他的右手，说："但是，这是一种责任与使命，只有他们才有资格去根除那成千上万的劣等人！"

希特勒绕过长桌子，慢慢走回他的位置，说："对于这样一场改变第三帝国历史的伟大的战争，能够参与其中是在座的每一个人，包括我本人的荣幸。相信你们已经非常了解我们的'巴巴罗萨'计划，你们中的很多人在过去的日子里为制定这个计划付出了心血，你们中的一些人还将奔赴前线，指挥我们最精锐的部队去将这个计划变成现实。"

希特勒走回座位坐下，沉默了一下，说："下面由陆军参谋长哈尔德宣读二十一号训令，并介绍计划内容。"

哈尔德脸色严肃地站了起来，向希特勒立正行礼，然后打开他厚厚的计划，照文宣读。哈尔德读完，希特勒补充说："德国武装部队必须准备在对英国的战争结束以前，以一次快速的战役将苏联击溃，准备工作必须在 1941 年 5 月 15 日前完成。"

"巴巴罗萨"计划强调的是"总体战"和"闪击战"，两者的结合构成了德军主要军事理论。德军在对丹麦、挪威、比利时、荷兰、法国和英国的战争中积累了丰富的经验，"巴巴罗萨"计划是德国军事成就的总结。

德国战略家们在筹划进攻苏联的计划时，主要考虑到两点：一是苏联制度不稳固；二是苏军素质太低。

德国战略家们的这个计划是冒险的，比如德国统帅部计划用

苏德边界最前沿的德军装甲侦察兵。

153 个德国师在从黑海至巴伦支海，即总长超过 2000 公里的正面攻打苏联时，要求德军于 1941 年冬季前推进 2000 多公里。

再如，德国统帅部规定在某个期限内消灭苏联，可见他们多么狂妄自大。马克斯说需要 9-17 周；总参谋部说不超过 16 周；布劳希奇说是 6-8 周。希特勒则吹牛道：苏联在 6 周或 3 周内就灭亡。

1940 年底，大批德国情报人员被派往苏联，刺探苏联的兵力、部署、国防设施情况、工业布局、经济中心的位置等情报。在外交上，希特勒以威逼利诱等手段，把芬兰、匈牙利、罗马尼亚、斯洛伐克和保加利亚拉过来，结成反苏同盟。

1941年1月31日，德国陆军核实了"集结部队的训令"。该训令提出陆军当前的任务是，突破集结在苏联西部边境的苏军主力防线。德军计划进攻的两大方向是波列西耶以南和以北地区。波列西耶以北地区的主攻由北集团军群和中央集团军群负责。

2月3日，德国统率部召集军事会议，在细节上对"巴巴罗萨"计划进行了一些修改。德国统率部发布德军将按该计划展开的决定。希特勒撤销了全面占领法国的"阿蒂拉"计划。进攻直布罗陀的"费利克斯"计划也被取消，以便将所有兵力集中起来对付苏联。

德国加快控制巴尔干地区，打通新的通向苏联的道路。希特勒将部分希腊领土送给保加利亚，保加利亚加入轴心国。罗马尼亚和匈牙利也加入轴心国。

3月26日，南斯拉夫人发动了政变，推翻亲德政府。4月6日，德军进攻南斯拉夫和希腊。很快，南斯拉夫和希腊均建立了亲德政权。德国向东线调了许多部队。

4月30日，德国统率部将"巴巴罗萨"计划开始的时间定为6月22日。

★ "巴巴罗萨"计划名称的由来

"红胡子"腓特烈一世（1123-1190），德意志国王、神圣罗马帝国皇帝。他生活在一个动荡的时代，德意志内部为了争夺国王的位置，连年厮杀不休，而国王与教皇之间为了争夺主教继任权等权力，也斗了数百年难见分晓。这是一个尚武的时代，而他正是这个时代典型的尚武帝王，一生醉心于金戈铁马的生活。

腓特烈一世对意大利的强烈兴趣使意大利事务成为他生命中最主要的部分。1153 年至 1160 年，他三次远征意大利，均获胜利。他脸上长满鲜红色的胡子，因此绰号为"红胡子"。但在意大利人看来，此绰号的含义是这个入侵者在意大利残杀无辜，意大利人的鲜血染红了他的胡子。在意大利语中，红胡子的译音为"巴巴多萨"，因此他也常被称为"巴巴多萨"。他是希特勒最崇拜的人物，希特勒就将他入侵苏联的计划定名为"巴巴罗萨"计划。

希特勒暗渡陈仓

"巴巴罗萨"计划一共复制9份。1号文本送陆军司令部，2号文本送海军司令部，3号文本送空军司令部，其他6份锁在最高统帅部参谋部的保险柜里。

为掩盖"巴巴罗萨"计划的准备工作，希特勒采取了各种方式欺骗舆论，尤其是欺骗斯大林。1940年11月12日，柏林火车站的站台上，德国外交部长里宾特洛甫亲自出现在这里，为了迎接一位来自莫斯科的特殊客人，并按照希特勒的安排，准备上演一场欺骗小孩的把戏。

希特勒这次邀请苏联代表团来柏林谈判，完全是一次作秀，是给对方看的欺诈表演。就在莫洛托夫率领代表团乘火车到达柏林的当天，希特勒下达了经过一周的准备而制定的秘密指令。指令上说："与苏联的政治谈判已开始，目的在于摸准苏联在未来这段时间里会持什么态度，不论会谈结果如何，为东线所做的一切准备工作要继续进行。一旦军队的基本行动计划呈上来，经我批准，随即将发布指令。"

这次访问柏林的全权代表莫洛托夫，看起来他其貌不扬，像个温和的老教授，但和莫洛托夫打过多次交道的里宾特洛甫深知，这可是个不好对付的厉害角色。莫洛托夫是布尔什维克的元老级党员，意志坚强，精力充沛，而且思维敏捷，就是他代表斯大林与德国签订了《苏德互不侵犯条约》。

莫洛托夫（中）出使德国

看到莫洛托夫已经走近，里宾特洛甫迎了上去拥抱，连续几句嘘寒问暖。莫洛托夫的反应却显得不冷不热，"什么时候开始会谈？何时安排我见你们的元首？"

莫洛托夫到达柏林之后的两天，享受了一切隆重的款待。然而随之而来的谈判却让莫洛托夫看出了一些破绽。

在预会谈上，里宾特洛甫说："世界上没有力量能够改变大英帝国的末日业已开始来临这一事实。英国已被击败，最后承认失败只是一个时间问题。他也许不久就要认输，因为英国的形势正日渐恶化。当然，德国也欢迎及早结束战斗，因为在任何情况下，它也不愿意不必要地牺牲人的生命。即使英国不在近期内打好主意，承认失败，那他们来年也一定是要求和的。德国正在夜以继日地继续轰炸英国。德国也将逐步充分利用其潜艇，使英国遭受严重的损失。德国认为，英国也许会由于这些袭击而被迫放弃斗争。在英国，已显然有某种不安的心情。看来事情将采取这样的解决途径。但是，如果目前的攻击方式还不能迫使英国屈膝的话，那么德国一到气候条件许可，就要坚决进行一次大规模的进攻，从而彻底摧毁英国。到目前为止，这种大规模的进攻之所以仍未能进行，完全是由于天气不良的缘故。"

里宾特洛甫说，他们所考虑的，不是如何打赢这场战争，而是如何迅速结束这场已经打胜的战争。对于里宾特洛甫的吹嘘，莫洛托夫并没有在意，他关心的是与希特勒的会谈，以及当他提出斯大林交代的问题时，看看希特勒的反应。

午餐后，希特勒接见了莫洛托夫。和里宾特洛甫一样，希特勒不等莫洛托夫提问题，就开始了大段独白："英国已被击溃，最后投降只是时间问题，德意联军在非洲也取得了辉煌的军事胜利，因此我们的胜利指日可待了，现在已是应该考虑胜利后的世界安排问题了。"

希特勒不失时机地对莫洛托夫说道："请替我转告斯大林先生，如果苏联想在英国土崩瓦解的时候分享战利品，那么现在是宣布参加德、意、日三国公约的联盟的时候了。我甚至替斯大林先生考虑过，鉴于苏联目前的处境，不一定公开地参加军事同盟，但是我非常理解你们一直希望得到通往公海的不冻港出海口的愿望。我建议斯大林先生可以考虑在适当的时机，向南方往波斯湾和印度扩张，而我们德国，则向非洲扩张。关于苏联在达达尼尔海峡的利益，我们也可以在胜利后修改 1936 年的蒙特勒协定，使公约更符合你们的利益。"

对于希特勒的长篇大论，莫洛托夫不动声色。他知道，此行的目的其实也不仅是谈判，更主要的是探测希特勒对苏联的态度，判断他会在何时对苏联用兵。

第二天，希特勒想把昨天的"戏"重复一遍，但莫洛托夫单刀直入，提出关键问题："我觉得我们应该讨论一些更加具体的问题：德国军事代表团在罗马尼亚干什么？为什么不按照我们的互不侵犯友好协定，先进行协商就派出他们？同样，为什么德国军队会出现在芬兰？为什么也完全没有和我们协商？"

★苏联外交部长莫洛托夫

1927 年，莫洛托夫任苏共莫斯科委员会书记。1930 年，出任苏联人民委员会主席。基洛夫被害事件发生之后，莫洛托夫成为 1930

年代苏联肃反运动的主要负责人之一。

莫洛托夫是斯大林的亲密战友和坚定的支持者，成为斯大林领导班子的二号人物，支持斯大林的集体化政策并参与领导了大清洗。1939 年任苏联外交人民委员，即外交部长，是斯大林国际谈判的主要代言人和顾问。

莫洛托夫善于使用外交手段维护苏联的利益，能言善辩，被誉为外交天才。尽管斯大林对他并不完全信任，他的妻子也遭到斯大林的迫害，但他自始至终都在坚定地支持斯大林。

战后，莫洛托夫历任苏共中央委员和中央委员会主席团委员、苏联部长会议第一副主席兼外交部长、监察部长等职。由于对苏共二十大的反斯大林政策有不同的意见而于 1957 年 6 月被定为"反党集团"头目，被降为驻蒙古大使，1964 年被开除党籍，勒令退休。

莫洛托夫始终为斯大林奔走。1980 年代中期，他与苏联著名诗人丘耶夫结为好友，在丘耶夫与他进行的 139 次谈话中，他都对斯大林给予了高度评价。1984 年，莫洛托夫被恢复党籍，1986 年去世。他是列宁的战友中少数几个活到 20 世纪 80 年代的人物。

莫洛托夫想用这些最尖锐的问题刺激一下希特勒，以使希特勒暴露出心目中对苏联的真实态度。希特勒果然生气了，坐在那儿，小胡子微微颤动。但这种情绪只持续了不到半分钟，希特勒便恢复了满脸的笑容："这是小事一桩！你大可不必往心里去。还是让我们把注意力集中到更大的问题上吧。"

希特勒又开始了他的演讲，描绘胜利后分给苏联的"饼"。莫洛托夫似乎并不配合，明确表达了苏联的立场。

莫洛托夫对希特勒相当了解。他知道，希特勒是一个阴险狡猾的人，可以郑重其事地给人一连串的假象，也可以用十二分的真诚口气，胡扯一大通。连希特勒的部下都把他看成一个演员，他的一言一语很可能是事先设计好的，别奢望和他打交道时摸到漏洞，因为那很可能是下好的圈套。

但莫洛托夫深知希特勒是一个贪婪的人，他不会眼看着英国这块即将到口的"肥肉"从嘴边溜掉，更不会大方地与苏联分享胜利果实，这一定是希特勒的稳军之计。换句话说，希特勒还不想与苏联的关系搞僵，他进攻苏联的机会还未成熟，甚至他还想利用苏联来牵制英国和美国。

"很可能是这样的！"莫洛托夫终于有了一个比较说得过去的结论。他准备用这个结论来向斯大林表达他的观点。

对于即将到来的战争，苏军官兵显然没有做好准备。图为苏军官兵和他们的家属在一起悠闲地度假，没有一点大战将至的感觉

在莫斯科，斯大林早已做好了迎接莫洛托夫的准备。在听取莫洛托夫的汇报时，斯大林还找来了国防人民委员铁木辛哥和苏军总参谋长朱可夫等人。

莫洛托夫讲了此行经过，最后总结说："德国还远远没有解决英国这个麻烦，同时鉴于丘吉尔政府特别强硬的态度，德英两国不太可能达成媾和。我们知道希特勒在大西洋上的海战和在海峡上空的空战中都没有得到半点便宜，在没有制海权和制空权的情况下登陆英国，将不是一个能迅速完成的作战。我判断德国至少在 1941 年冬天之前不会进攻我们，如果他不想两线同时作战的话。也就是说，不会在占领英国之前，发动对苏战争。"

听完莫洛托夫的汇报，斯大林沉默了好一会儿，然后慢慢将目光对准莫洛托夫，用一种征询意见的语气缓缓说道："德国人会来进攻我们，这一点我们早就预料到了。但是，我们现在还没有做好充分的准备，我们的主力部队很多还编制未满，我们的摩托化部队也刚刚组建，对部队的机械化改造还需要两年左右的时间才可能完成。我们能够和德国人抗衡的先进战斗机和坦克尚没有大量装备部队，要做的事太多了。莫洛托夫同志，如果像你说的，希特勒不会在结束对英作战之前进攻我们，这就给我们多少留下了一些准备的时间。要知道越早开战对我们越不利。但是这个时间有多长呢，一年还是几个月？我看我们必须用我们的办法尽力拖延这个时间。我们不应该去刺激希特勒，更不能授人以柄，说我们首先破坏了互不侵犯条约，否则当希特勒感到我们已经准备对他开战时，他就会不顾一切地缩短给我们的准备时间。也许他会铤而走险，不待攻下英国就来对付我们，这是对我们最不利的情况，我们要竭力避免。必

须减少可能刺激德国的军事行动，不能让希特勒有任何机会怀疑我们在进行军事准备。"

斯大林理清了思路，对铁木辛哥和朱可夫说："从今天起，边境地区的部队调动和向边境地区的调动部队，一律都要经过我的批准。"

斯大林并不怀疑战争的爆发，但他在时间的判断上犯了错误。他不相信希特勒会在没有征服英国之前动手，即使在德国军事机器的弹簧缩紧到准备对苏联实施致命打击的时候，他还是希望能防止

希特勒会见莫洛托夫（左）

发生可怕的冲突。

为防止过早地引发德苏冲突，苏联边防部队甚至不配发弹药。大量粮食、原料、贵重物资继续通过铁路按苏德协定由苏联源源不断运往德国。甚至临开战前几分钟，还有一列满载物资的苏联列车离开边境，前往德国。

1941年春天，和斯大林谈德国随时都可能进攻苏联都是徒劳无益的，斯大林确信要到1942年年中或年底希特勒征服英国以后，德国才会对苏联开战。斯大林自信地说，到那时我们已经顺利地完成了第三个五年计划，让希特勒来冒险吧。

斯大林为什么会做出如此错误的判断呢？当然不能把责任推给莫洛托夫。据最新解密的文件证实，德国情报部门制造的假情报迷住了斯大林的眼睛。

希特勒在1941年2月15日和5月12日，两次发布了《关于迷惑苏军统帅部的指令》，还专门成立了一个编造、散布谣言的"里宾特洛甫委员会"，这个组织由德国外交官李库斯负责。

李库斯是一个经验丰富的情报官，一方面精心制造谣言，一方面寻找苏联派出的间谍，引其上钩，让他们把假情报源源不断地发往克里姆林宫。

这些谣言包括："希特勒及其元帅们的注意力好像在中东、非洲和其他地区而不是苏联"，"德国将尽可能避免两线作战"，"元首不可能冒险与苏联开战"，"德国的粮食储备已经耗尽"等等。

斯大林自信地认为，这些都是"可靠情报"。甚至在德国数十个师已经开始东移时，德国人说是为了借道苏联去打击英法远东军队的后方，斯大林也表示同意。

德国为了进行"巴巴罗萨"计划，从各方面准备起来。德国继续玩弄"海狮"骗局，欺骗苏联。德军总参谋部情报处和反间谍处，故意散布各种谣言，弄了一堆假情报。他们制造德军要登陆英国的假象。德国大量地印发英国地图，德军中配备了大量英语翻

自信的斯大林在德国入侵苏联的时间上做出了错误的判断

译。德海军在英吉利海峡和加莱海峡集结了许多船只、器材。德国居然还煞有其事地批准出售给苏联新式飞机和一些技术兵器。

对德国正在准备对苏联发动进攻、战争即将爆发的情报，斯大林表示怀疑，甚至愤怒。

5月，德国驻苏大使舒伦堡向当时在莫斯科的苏联驻德大使弗·杰卡诺佐夫直言不讳地透露了德国进攻苏联的消息，并说出了进攻的详细日期。舒伦堡让苏联在希特勒发动进攻前和柏林接触。弗·杰卡诺佐夫和舒伦堡会晤后，急忙赶往莫洛托夫的办公室。

当天，斯大林把政治局委员们招来，把舒伦堡的警告对他们说了。但斯大林强调，这是希特勒在吓唬人。斯大林说："现在他们想通过大使一级向我们传递错误消息。"

苏联著名间谍佐尔格也发来了德国准备进攻苏联的情报，还将一份里宾特洛甫提到德国拟定的6月中旬进攻苏联的电报复印件传给苏联，但斯大林仍不相信。

由于各种各样的原因，斯大林丧失了一系列识破对手诡计的机会。直到几百万德军在边境线上完成集结，苏联还是没有察觉到危险的迫近。战争尚未开始，苏联就已在不知不觉中走到了悬崖的边缘。

★ "莫洛托夫的面包篮"

1939年，苏联企图吞并芬兰，当时苏军轰炸机群袭击了芬兰平民区，炸中一辆公共汽车和数栋居民房屋，死伤80多人，这一行为遭到世界各国的强烈谴责，各国纷纷照会苏联，要求不得对平民区发动进攻。

为此，莫洛托夫起草了一份声明，宣称苏联飞机的目标是军舰而并非平民区。但这一说法根本无法令人信服，因为军舰的外观和公共汽车的差别实在太大了，而且轰炸机扔下的并非对付军舰的穿甲弹，而是专用于杀伤人员和摧毁建筑的燃烧弹和高爆弹。后来连莫洛托夫也觉得自己的话漏洞百出，于是又宣称苏联飞机去平民区只是为芬兰穷人投送面包。当然，这一说法也是可笑至极，因为当时在轰炸现场的还有外国使团和许多新闻记者，都见证了轰炸事实。

后来根据这一事件，苏联飞机投下的燃烧弹在很长一段时间内都被戏称为"莫洛托夫的面包篮"。

调往东线的德军装甲部队

苏德边界线上的苏军侦察兵

德军坦克群

希特勒参加游行

第五章

"巴巴罗萨"行动

揭开入侵的序幕

　　为了实施"巴巴罗萨"计划，1941年的德国备战情况如下：与对法国作战的1940年相比，德国军费增加了220亿马克，军队新编成58个作战师，补充了4000架飞机、2000辆坦克。从1940年7月到1941年6月，一年之内，德国先后向东线调集了157个师的精锐部队。到1941年6月21日，即进攻前一天，德国及其仆从国军队共166个师，全部进入阵地。

　　开战前，轴心国顺着苏联西部边境线，部署了190个师550万军队，3712辆坦克，4950架飞机，478260门火炮。

　　1941年上半年，德军飞机324次进入苏联领空，展开军事侦察活动。德军突袭苏联的部队共3大集团军群：北方集团军群下辖第十六、第十八集团军、坦克第四集群，一共有29个师，另有第一航空队1070架飞机，北方集团军群负责进攻列宁格勒；中央集团军群下辖第四、第九集团军、坦克第二、第三集群，一共有50个师加2个旅，另有第二航空队1600架飞机，中央集团军群负责攻打莫斯科；南方集团军群下辖第六、第十七、第十一集团军，还有罗马尼亚的第三、第四集团军，匈牙利军、坦克第一集群，一共有57个师加13个旅，另有第四航空队和罗马尼亚空军的1300架飞机，南方集团军群负责攻打顿巴斯方向。

　　希特勒宣称："只要'巴巴罗萨'计划一开始实施，全世界将大惊失色，难置一言。"

苏军炮兵小组

苏德战争爆发前，苏军总兵力 537.3 万人，陆军编成 303 个师。为抗击德军入侵，苏联在西部边境军区（包括列宁格勒军区、波罗的海沿岸特别军区、西部特别军区、基辅特别军区、敖德萨军区）共部署兵力 268 万人，计陆军 170 个师（103 个步兵师、40 个坦克师、20 个摩托化师、7 个骑兵师）零 2 个旅，50 毫米以上火炮和迫击炮 3.7 万余门，新型坦克 1400 余辆和大量旧式坦克，空军新型作战飞机 1500 余架和大量旧式飞机。

按照战前修订的作战计划，苏军以西南方向为主要防御方向，在其他方向上则以边防部队进行抗击，以保障主力集结和展开，消

苏军西方面军官兵在树林中待命

灭入侵之敌并将战争推向敌国领土。但战争爆发前，各项战备措施并未完全落实，西部各边境军区部队大多没有完全展开。

苏德战争爆发前的 10 天，铁木辛哥鉴于战争已迫在眉睫，曾要求下令边境军区部队进入战时准备，展开第一梯队。但斯大林唯恐敌人借此挑衅，没有立即下令。

1941 年 6 月 21 日晚，一名叛逃的德国士兵偷越国境，向苏军边防部队提供了德军第二天将对苏联发动全线进攻的绝密情报。然而，这一情报虽然逐级报告给了斯大林，斯大林却不相信其真实性。

同日夜间，朱可夫从基辅打来的电话里获悉，一名德军司务长越过防线告诉苏军指挥员，德军将在第二天凌晨进攻。朱可夫立即向斯大林作了报告，而斯大林此时还不愿相信这个事实。

在朱可夫的坚持下，斯大林召集来政治局委员，经过讨论和研究，斯大林终于同意发布命令，让边境军区所有部队进入紧急战备状态。但是，为时已晚。几个小时后，他最不愿发生的事情——战争爆发了。

时间是 1941 年 6 月 22 日凌晨 4 时，夜幕笼罩下的苏联西部大平原静悄悄的，苏联人民还在熟睡中，不知什么时候从远处隐隐传

快速向苏联境内推进的德国装甲部队

来轰鸣声。

人们还没有被唤醒，瞬时间声音猛地到了近前，紧接一阵强光。苏联大地顿时被爆炸冲起的尘土所淹没。

德国和它的附庸国匈、罗、意、芬等国出动了190个师，其中包括19个坦克师，3700辆坦克，4900架飞机，193艘舰艇，在北起摩尔曼斯克、波罗的海，南至黑海、克里米亚半岛的2000多公里的战线上，进行全面进攻。

"巴巴罗萨"行动的序幕就这样拉开了。这时，苏共中央所有的政治局委员都集合在克里姆林宫斯大林的办公室里。斯大林神情严肃，脸色苍白，他手里握着点燃的烟斗，半天没说话。

斯大林那双深沉难测的眼中，露出震惊和愤怒的目光。这无疑是他一生中受刺激最大、精神最痛苦的时刻之一。作为苏联红军最高统帅的斯大林，他知道自己犯了一个灾难性的错误，因此他粗声地骂道："希特勒这个大流氓！"就在斯大林终于明白他对战争的判断错误之时，希特勒正在柏林的府邸中额手称庆。

这时的斯大林并没有时间自省，他要正视这场空前浩劫已经来临的现实，以其过人的智力和无上的权威，率领苏联军民奋起战斗，回击希特勒的挑战，捍卫民族的尊严和社会主义苏联取得的建设成果。

政治局委员们迅速作了分工，决定在斯大林的领导下开始卫国战争。德国入侵苏联一小时后，舒伦堡才向莫洛托夫递交宣战书，诡称：苏联未履行《苏德互不侵犯条约》，并准备进攻德国，德国被迫发动"预防性"战争。

罗马尼亚、斯洛伐克、芬兰、匈牙利、意大利和西班牙也陆续

苏德战争初期，面对突然进攻的德军，苏军处于非常不利的形势。图为苏军战士迎着德军猛烈的炮火发起反击

对苏宣战，并以部分兵力加入侵苏战争。到午间 12 时，莫洛托夫代表苏联政府发表广播讲话，谴责德国入侵苏联，号召苏联人民团结起来，击退法西斯的侵略。

21 时 15 分，铁木辛哥根据所谓的"敌人已被击退"的战况报告发布了第三号命令，要求"西北方面军及西方面军应采取集中突击的办法包围并歼灭敌苏瓦乌基集团，至 24 日黄昏时占领苏瓦乌基地区；西南方面军应以若干机械化军和全部空军，以及第五、第六集团军其他部队的集中而强大的突击包围并歼灭在弗拉基米尔一沃伦斯基及布罗德方向上进攻的敌军集团。到 6 月 24 日黄昏时占领卢布林地区……"

斯大林则表示："在从波罗的海直至与匈牙利接壤的国境线上，我允许越过国境线以及不受国境线限制的行动。"斯大林由于局势不明，希望尽快阻止并最终粉碎德军的进攻。

苏军总参谋部认为："红军野战部队的先头部队到达后，德军在国境线大部分地段的进攻已被击退，并蒙受损失。"

事实却并非如此。德军发动进攻时，苏军防卫部队远离防御阵地，尚在执行和平时期的日常任务，部队没有按兵力展开，进入防御地区。因而，德军迅速突破了苏军防线。

德国对苏联的入侵，是以突然袭击的方式开始的。德军首先以大量的航空兵对苏联西部的重要城市、交通枢纽、军事基地以及正在向国境线开进的军队进行猛烈轰炸，并在苏联军防御纵深内空降伞兵，抢占要地。同时以数千门火炮对苏军的边防哨所、防御工事、通信枢纽和部队集结地进行猛烈轰击，然后以优势的坦克和摩托化部队为先导，部队持续跟进。

德国及其附庸国的大批特务分子也随德军一起进入苏联境内，大肆进行破坏活动。德国对苏联的突然袭击，使苏联在战争初期遭受了重大的损失。西部边境60多个机场同时遭到猛烈轰炸，苏军半天之内损失飞机1200架。其中800架未及起飞迎战，就被炸毁在机场。许多重要城镇、通信设施、交通枢纽和海空军基地也遭到严重破坏。

德军利用空袭和空降部队破坏了苏军的通信系统，苏军最高统帅机构无法得到有关前线准确、及时的情报，接连发出的第二和第三号命令不仅未能缓解局势，相反加剧了前线的混乱。

边境军区指挥机构基本陷于瘫痪，部队出现混乱。边防值班部队虽进行了抵抗，但因得不到及时援助，势单力薄，防线迅速被突破，战争开始的头10天内，德军就前进了560至960公里。

边境地区的军用仓库、储备的武器装备和军需物资几乎全部落入德军之手。斯大林镇定地应付眼前的局面，他手里拿着烟斗，整日默默地在办公室踱来踱去，认真地观察地图，不时发出一道道发动反击的命令。

斯大林按照列宁在内战时的做法，不断派自己信赖的得力代表到关键地区去。对最高统帅来说，这不仅是为了同前线保持直接的联系，帮助那些经验不足的指挥员，同时也是为了显示他的存在，说明在危难的时刻，领袖和他们战斗在一起。

★苏德两国装甲兵使用的比较

德国的古德里安的理论认为：装甲兵的任务是快速突破敌人防线，尽可能快地向敌后纵深发展，袭击敌后的后勤基地和指挥中

心，尽可能大的制造混乱，从而导致对方防线的崩溃。

根据这个理论，德国的装甲集团军一般包括 3 个装甲师，约 1000 辆坦克，配置在第一线。由这些精锐的装甲集群完成突破、切入、分割的任务。而德国空军在一线派驻联络官，和装甲师指挥部一起工作，直接召唤俯冲轰炸机配合地面部队进行火力压制。

苏联的图哈切夫斯基的理论认为：大纵深突击是多兵种合成作战。必须由步兵部队在炮兵师的配合下打开敌人防线的缺口，然后才能分批投入装甲部队。

苏军坦克旅编制 60 辆坦克，任务是尽可能地扩大敌人防线缺口。当缺口达到 20 公里左右时，投入约 700 辆坦克的坦克集团军，其任务是进行战略冲击，合围敌人的重兵集团。

丘吉尔松了口气

1941 年 6 月 22 日拂晓，希特勒撕毁《苏德互不侵犯条约》，出兵攻打苏联，德苏战争开始，第二次世界大战进入第二阶段。苏联人民为了抵抗德军的进攻付出了沉重的代价，为彻底战胜德国和结束第二次世界大战做出了最大的贡献。

第二次世界大战过去了 60 多年，然而当年的很多秘密档案资料仍没有公开，关于德苏战争爆发的有关细节仍然引起人们的争论。

军事史专家纳瓦罗佐夫经过长时间的历史研究，发表了题目为《希特勒由于丘吉尔而几乎赢得胜利》的文章。纳瓦罗佐夫在文章中提出一个观点：苏德战争的爆发导火索是丘吉尔为了离间苏德关系而向斯大林和希特勒散播的假情报。

1939 年 9 月 3 日，德国与苏联签订《苏德互不侵犯条约》后入侵波兰，英法两国向德国宣战。法国军队是强大的，在第一次世界大战中，德国战败，由法国和俄国来决定德国的命运。而二战的情景与一战时形成巨大的反差：强大的法国军队被德军的闪电战打得没有还手之力，苏联与德国共同瓜分波兰，德军对英国的入侵就要开始了。

在此以前，英国人没有料到德国会入侵英国。可是，它现在就摆在英国人的面前。软弱无能的英国首相张伯伦倒台后，丘吉尔出任首相，成为英国人心目中的英雄。丘吉尔说："我所能给你

241

丘吉尔在演讲

们的只是流血、流汗、苦役和眼泪。我们最终会获得胜利,这是英国以往历史和未来一千年中最美好的时刻,是我们曾生活过的最伟大时期,我们将会继续与德国战斗直至取得最后的胜利,不管如何恐怖,不管前面的道路多么漫长和艰辛,胜利必定属于我们,因为没有胜利就没有生存。"

当时,英国的处境十分凶险。希特勒和斯大林正在合伙瓜分东欧。在东亚地区,美国正成为日本的"兵工厂"。斯大林向希特勒不断地提供战争物资,如果斯大林允许德军借道苏联向英国的物资基地印度进攻,那么英国必将亡国。

再加上,前首相张伯伦和法国的达拉第总理强烈排斥斯大林,这是由于英法与苏联长期的利害冲突,尤其是英法两国不能容忍苏联的红色政权的生存。一旦苏联伙同德国一起攻打英国,那么,英国的命运将更加悲惨!这时,离间苏德同盟,引诱德国攻打苏联成为英国生死攸关的大事。

为了离间对英国构成致命威胁的苏德关系,英国驻莫斯科大使克里普斯将一份英国的备忘录提交给苏联。在这份备忘录中,丘吉尔警告斯大林:"一旦战争旷日持久,英国将向德国投降。近年来,德国和英国已经产生了签署和平协议的各种条件,西欧将恢复和平。到时候,德国、意大利和日本会集中兵力进军苏联,实现轴心国的反共目标。"

英国的这份备忘录提醒斯大林千万不要犯傻,苏军应该趁德军把主力对付英国时,马上进攻德国,因为英国就快向德国投降了。

处于蹉商阶段的英德和平协议,是丘吉尔为了离间苏德关系而故意散布的假情报。丘吉尔用自己的智慧赢得了美国的支援,现

德军的机械化程度非常高。图为德军正在过河的机械化部队

在，他又在德苏两国之间挑拨关系。另外，丘吉尔派人同时引诱希特勒攻打苏联，谎称斯大林正准备攻打德国。

丘吉尔认为，假情报必须使斯大林相信希特勒会攻打苏联，斯大林会突然进攻德国。同时让希特勒相信斯大林会首先攻打德国，希特勒会突然进攻苏联。

丘吉尔是搞谍报活动的专家。在担任英国海军大臣期间，丘吉尔组建了秘密情报机构，情报机构不断向他提供"德国人重新武装"的秘闻，丘吉尔故意将秘闻泄露给外界，以此作为德国进攻西欧的证据。

出任英国首相后，丘吉尔完全控制了英国情报机构，进行挑拨离间的假情报工作更加方便了。可是，在丘吉尔的情报机构中潜藏着苏联间谍。

苏联在英国情报机构中安插了很多间谍，苏联间谍菲尔比向莫斯科报告了英国正在制造假情报。菲尔比是苏联情报机构的杰出谍报人员。

通过数年的奋斗，菲尔比在英国情报机构中的职位多次晋升。菲尔比为苏联提供了重要的情报。一次，苏联情报机构命令菲尔比为他们提供潜伏在苏联的英国间谍名单，这样的重要情报是很难找到的，但菲尔比出色地完成任务。

1941年4月初，丘吉尔给斯大林发来一份电报，提醒他德国即将向苏联发动进攻，斯大林仍不相信。斯大林甚至怀疑这是英国有意想挑起德苏战争，从中渔利，并下令塔斯社发社论辟谣。

6月初，丘吉尔得知希特勒真的要进攻苏联。丘吉尔不再散播假情报，因为德苏开战后，苏联变成了英国的盟友。丘吉尔真诚地提醒斯大林，丘吉尔说希特勒将于1941年6月22日对苏联发动突然进攻。斯大林把丘吉尔发出的警告误以为又在散布假情报，结果差点输掉了整个战争。

丘吉尔的假情报被斯大林看穿了，但对希特勒产生了重要的影响。希特勒攻打苏联的主要理由是他认为：征服俄国是统治世界的关键。攻打苏联是大规模的地面战，这是希特勒所擅长的作战方式，也是德国的优势。

德国与苏联签署了《苏德互不侵犯条约》，希特勒认为，苏联是德国最大的敌人。第一次世界大战的战胜国就包括苏联的前身俄

德国空军飞行员在苏军飞机前

国。希特勒与斯大林签署《苏德互不侵犯条约》，就是害怕苏联突然进攻德国。

关于英国散布的苏联要进攻德国的情报，希特勒在致墨索里尼的一封信中表明了担心苏联对德国发动进攻是其首先动手的原因，他没有理由不相信从英国传回的情报。没有任何一名间谍向希特勒报告说情报是假的。希特勒认为斯大林是一介莽夫，像他一样好战。

斯大林告诫所有部下，关于希特勒进攻苏联的所有情报都是假的。斯大林向希特勒证明苏联不会进攻德国，让希特勒不要相信丘吉尔散播的假情报。

1941 年 6 月下旬，就在德军大举入侵苏联的前夕，斯大林和高级将领们在一起讨论苏德的军事形势，斯大林还是不相信德国会进攻苏联，但德军的调动引起了斯大林的警惕。在会上，苏联的最高指挥部门向边防军下达了战争的准备。当时，斯大林怀疑发布这道命令是否会引起德国人的误会。

苏联边防军正在进行战争准备的情报传到希特勒那里。希特勒暗暗窃喜：从英国传回的情报是真的，先下手为强。德军已经集结完毕。这时，斯大林却下令："苏联边境地区的军队不要对德军的挑衅行为作出反应，避免引发战争。"

6 月 22 日凌晨 3 时 40 分，斯大林被人喊醒，原来德国轰炸机正在轰炸苏联的城市，斯大林一下子变得说不出话来，部下多次重复苏联的形势直到斯大林相信德军入侵苏联的事实。

就在德军炮兵部队在边境向苏联发射炮弹的时候，英国首相府的工作人员已经知道了这个惊人的消息。当时，丘吉尔正在睡觉，工作人员没有叫醒他。丘吉尔曾经下令：除非德国进攻英国，否则不准在上午 8 时以前喊醒他。工作人员焦急地等待着，一直等到 8 时，他们立即喊醒丘吉尔。丘吉尔欣喜若狂，同时也松了一口气，英国终于不再孤立了。他立即决定当晚 9 时在英国广播公司发表讲话。

当晚 9 时，英国无线电广播中传出了丘吉尔的讲话："在过去 25 年中，没有人像我这样一贯地反对布尔什维克主义。我现在不想收回我过去的话。然而，我过去的主张，同正在进行的苏德战争相比，已经完全不重要了。我要说，苏联人的灾难就是英国人的危

苏德战争开始时，德国的附庸国罗马尼亚、芬兰、意大利等国也配合德国同时向苏联发起进攻。图为落后的意大利轻型坦克正驶向苏联边境

难，同样也是美国人的灾难。苏联人为了保卫家园而战的反法西斯事业，同样是世界各国人民的事业。英国人只有一个目标，那就是消灭希特勒的纳粹制度。我们应该给予苏联人一切可能的援助。"

6月23日，美国国务院发表了声明，指责共产主义的"原则和理论"，同时还指出："这是目前最直接危及国防以及美国人生活所在的美洲大陆安全的问题。我们认为，反法西斯主义的任何抵抗行动，反法西斯主义力量的任何联合，不管这种力量来自什么社会制度，都会加速德国法西斯制度的灭亡，因此也有利于我们的国防和安全。"第二天，美国总统罗斯福发表声明说："美国政府决定全力支援苏联。"

英美两国从本国的利益出发，先后发表了援助苏联的声明。但英美两国在援助的行动上十分迟缓。当时，密苏里的参议员杜鲁门的看法具有代表性，他说："如果德国人打了胜仗，我们会援助苏联；如果苏联人打了胜仗，我们会援助德国人。让他们两败俱伤去吧！然而，说句真话，我是不希望德国打胜仗的。"当时，在英美的许多报刊上都能发现类似的观点。

尽管苏联、美国、英国、法国等许多国家最后战胜了德国，苏联在第二次世界大战中损失了2700万军队，这个数字太庞大了。与德军损失285万相比，斯大林的军事才能显然不及希特勒。

不管希特勒打败苏联也好，还是苏联打败德国也罢，苏德战争的最后结果是为英国赢得了生存的机会。

★ "得不偿失"的不列颠空战

1940年11月至1941年5月，德国为隐蔽进攻苏联的计划，坚持对伦敦和英国其他工业城市的袭击。从1940年11月开始，德国空军对考文垂、利物浦、曼彻斯特、伯肯黑德进行空袭，共投弹6295吨、燃烧弹305吨，空中布雷1215颗。12月，出动飞机3488架次，投弹4323吨。1941年1月，出动飞机2465架次，投弹2424吨。2月，出动飞机1401架次，投弹1127吨。3月，出动飞机4364架次。4月，空袭强度增强，达到5448架次。4月16日晚和次日晨，伦敦遭到德军681架轰炸机轰炸，4月19日晚和次日晨，规模增大到712架。5月上旬，利物浦、伯肯黑德、格拉斯哥、克莱顿港以及伦敦又遭到大规模空袭。5月16日，德军最后一次空袭伯明翰，长达10个月的不列颠空战最终结束。

整个不列颠空战期间，英国皇家空军损失飞机900架，炼钢、造船、交通、电力、油库都受到不同程度的损坏。特别是1940年11月14日对航空工业中心考文垂的空袭，使考文垂全城被毁，12家飞机零件工厂遭到严重破坏，飞机产量减少20%，一年后才恢复正常水平。英国因空袭而伤亡的人数达到14.7万人，占英国对德作战总伤亡人数的20%。

德军飞机对英国进行轰炸。

　　由于英国军民的殊死抵抗，德国摧毁皇家空军的基础力量、瓦解英国斗志、实施"海狮计划"，在英国登陆的战略目标未达成。德国空军在英国上空损失的飞机和熟练飞行员达到严重的程度。德国空军自己承认，空袭英国本土的44个轰炸航空团只剩下4个，还不包括战斗机的损失。在未征服英国前又对苏联宣战，德国陷入东西两条战线作战的困境中，为最终战败埋下种子。

德军铁甲兵分三路

1. 德军中路

1941年6月22日，苏德战争爆发的时候，德军兵分三路进攻苏联，中路德军是中央集群，由博克元帅指挥，包括第四、第九集团军，第二、第三装甲集群配以第二航空队。中央集群是德军的主力，目标是由东普鲁士的苏瓦乌基地区和波兰的华沙地区向比亚韦斯托克突出部、明斯克方向实施钳形突击，围歼苏军西方面军主力，得手之后，向斯摩棱斯克方向推进。

苏联西方面军由巴甫洛夫大将亲自坐镇，辖第三、第十、第四和第十三集团军，共62.5万人。苏第三、第十和第四集团军部署在边境地区的比亚韦斯托克突出部及其以南地区，由于缺乏足够的防御纵深，很容易受到德军合围；苏第十三集团军为预备队，部署在明斯克地区。直接在国境线上的部队主要担负构筑工事的任务，余部在野营或驻地进行训练。

当时，德军指挥部指挥中央集群40个师扑向苏联，到开战后第四天结束时，德军坦克兵团在西方面军两翼已深入苏联领土，驻守在比亚韦斯托克突出部的苏联西方面军主力有被合围的危险。

在苏第十三集团军司令部的巴甫洛夫完全被德军迅猛的阵势惊吓了，他得不到前线足够的情报，不知道自己的集团军状况如何，更不知道德军在采取什么行动。

从他下达的命令里，我们分明能感到，他已经被命运的巨浪完全冲垮了心理防线，他的精神已经崩溃了。

正在西方面军司令部的沙波什尼科夫元帅在 6 月 25 日向苏军统帅部报告了这个形势，请求从比亚韦斯托克突出部撤向旧筑垒地区一线。于是，苏军统帅部命令西方面军迅速将配置在突出部的第三、第十集团军东撤到利达、斯洛尼姆、平斯克一线。

这时候，苏军只能从一条不到 60 公里宽的走廊地带撤退，这里只有几条乡间土道。苏军不得不在撤退中同两翼和追击的德军进行激战，所以未能摆脱德军的追击。

6 月 26 日，德军第三和第二装甲集群进抵明斯克附近，同苏军

德军中路的装甲部队正在快速向苏联境内推进

第十三集团军展开激战。6月28日，德军装甲部队攻占明斯克，合围了苏军西方面军。

当日，随后跟进的德军第四、第九集团军在比亚韦斯托克以东地区会合，完成了对苏军的近距离合围，将比亚韦斯托克小合围圈同东部的新格鲁多克大包围圈完全分割开来。

被合围的苏军在极端困难的条件下向东和东南方向突围，有些部队冲出合围，有些部队转入游击战，但大部分苏军被歼。截止到7月9日，德军结束了比亚韦斯托克－明斯克战役，重创苏军。据德军统计：共俘虏328898人，缴获3332辆坦克，1809门火炮。

★德国陆军元帅博克

费多尔·冯·博克（1880-1945），1940年7月19日晋升陆军元帅。闪击波兰、进攻法国，突袭苏联，博克总是急先锋，他的中央集团军名气极大，曾在苏联的土地上横冲直撞。

博克并不喜欢纳粹，对于他部队里的反对纳粹分子并不揭发举报，但博克也从未就党卫军在苏联滥杀无辜提出过任何抗议。

1945年5月4日在德国，

赋闲已久的博克在汽车上死于英国空军的空袭，同时遇难的还有他的妻子与女儿，而这时距离战争结束仅仅还有一个星期时间。

博克是第三帝国唯一一位死于敌方炮火的元帅。

巴甫洛夫由于指挥失利被解除职务，与另外几位将军一起被送交军事法庭并判处死刑。由铁木辛哥出任苏联西方面军司令员，该方面军的任务是：扼守西德维纳河、第聂伯河至洛耶夫一线，掩护斯摩棱斯克方向。

苏联统帅部为加强莫斯科方向的防御，预备队集团军群在西德维纳河与第聂伯河上游一线展开，于7月2日将其并入西方面军，并打算调西南方面军的第十六集团军前往斯摩棱斯克地区。

6月28日，苏第二十四、第二十八预备队集团军在涅利多沃、叶利尼亚、杰斯纳河一线做好了防御准备。7月3日，德军2个装甲集群合编成第四装甲集团军，继续向东和东南方向追击避开合围的苏军，向斯摩棱斯克方向推进。

7月9日黄昏，德第四装甲集团军在从波洛茨克到日洛宾的正面逼近西德维纳河和第聂伯河地区，占领维切布斯克，将主力集中于莫吉廖夫和奥尔沙之间。这时候，苏军统帅部预备队虽然已经陆续投入了战斗，但还没有完成战略预备队的集中、展开和建立稳固的防线。

截止到7月10日，德军几乎占领了白俄罗斯的全部领土，在西方向前推进了450-600公里。7月16日，斯摩棱斯克被攻破。苏联西方面军共阵亡34万余人，受伤7万余人，平均每天伤亡2万余人。

德国中央军群在侵苏战争前期达到了希特勒预想的目的，给苏军以极大的震慑，闪击战初战告捷。

2.德军北路

德军北方集团军负责北路，由勒布元帅指挥，它以第四装甲集群为中路，第十八和第十六集团军为左右两翼。在第一航空队支援下，德军北方集团军自东普鲁士的哥尼斯堡以东地区向陶格夫匹尔斯、普斯科夫、列宁格勒方向实施进攻，企图消灭波罗的海沿岸地区的苏军，占领那里的港口和海军基地，攻取列宁格勒，与芬兰军队会师。

苏军的战斗机尚未起飞迎战就被德军炸毁在跑道上

在波罗的海沿岸组织防御的是苏联波罗的海沿岸特别军区，苏德战争爆发的当天改编为西北方面军，下辖第八、第十一和第二十七集团军，共44万人。

战争爆发后不久，德军北方集团军顺利突破苏军防御，第四装甲集群的先遣部队很快到达杜比萨河一线。

6月24日，德军北方集团军占领维尔纽斯，苏军在考纳斯、陶格夫匹尔斯方向失去了掩护。

之后，德军第四装甲集群第五十六装甲军渡过西德维纳河，并在陶格夫匹尔斯北部建立了登陆场。另一座大桥也通过战斗攻占，苏军派出工兵，但引爆炸药的工兵被德军消灭了。

苏军的仓促防御并不稳固，第二十七集团军被迫放弃陶格夫匹尔斯，向韦利卡亚河方向溃退。为恢复防御正面和制止德军北方集团军向北和东北方向的突进，苏军统帅部大本营于6月29日命令西北方面军在西德维纳河一线组织防御，并将预备队和北方面军调来的部队集中部署在普斯科夫、奥斯特罗夫、新勒热夫和波尔霍夫地区，准备在韦利卡亚河一线组织稳定的防御。因此，苏军西北方面军命令第八、第十一集团军撤到西德维纳河右岸设防固守。

苏军西北方面军从预备队第二十七集团军抽调空降兵第五军和机械化第二十一军前往陶格夫匹尔斯地区封闭突破口，对德军北方集团军所占登陆场发起了反突击。

但是，由于苏军的仓促防御并不稳固，第二十七集团军未能阻止德军北方集团军的猛烈攻击，反而被迫放弃陶格夫匹尔斯，向韦利卡亚河方向后退。

被严重削弱的苏第八集团军于7月1日放弃里加，向爱沙尼亚

德军北路的装甲部队

方向撤退。第十一集团军被德军北方集团军击溃后，处于无人指挥的状态，乱糟糟地向谢别日和涅韦尔方向撤退。这样一来，苏军防线在普斯科夫方向重新出现了缺口。

6月30日，斯大林下令撤销库兹涅佐夫上将的西北方面军司令职务，由原第八集团军司令索宾尼科夫少将来接任，由瓦杜丁中将任参谋长。

然而，苏军第二十七集团军仍未顶住德军第四装甲集群的强大突击，开始向奥波奇卡方向撤退，于是，奥斯特罗夫方向失去了掩护。

7月6日，从苏统帅部预备队调来的机械化第一军和2个步兵军还没有进入普斯科夫和奥斯特罗夫地区，德军北方集团军先遣部队就已经占领了奥斯特罗夫。7月9日，德军北方集团军夺取了普斯科夫，从而打开了通往列宁格勒的门户。

为了肃清普斯科夫和奥斯特罗夫地区的突入之敌，7月9日，苏军将预备队调来的3个军编成新的第十一集团军，在普斯科夫接近地和新勒热夫西北地区与德军北方集团军展开了激战，掩护列宁格勒方向的苏军部队。

★德国陆军元帅勒布

威廉·里特尔·冯·勒布（1876年–1956年），1940年7月19日晋升陆军元帅。勒布是唯一到过中国的德国元帅。他早年作为巴伐利亚军团的中尉随八国联军侵略过中国。

二战开始后，勒布率领C集团军群突破马其诺防线，随后升至元帅。入侵苏联时，勒布元帅任北方集团军群司令，但由于没

能攻占列宁格勒，随后被解职。他是一位极度反感纳粹的老派军人，但他和龙德施泰特一样，不愿意采取违反军人原则的行动去推翻希特勒。

二战结束后，勒布被纽伦堡军事法庭判处三年徒刑，宣判后即获释。1956 年去世。

苏军第二十七集团军从西德维纳河且战且退，在韦利卡亚河至伊德里察河一线组织了防御。苏军第八集团军同方面军主力失去了联系，只好向北且战且退，10 日退到派尔努、塔尔土一线。苏军波罗的海舰队受到了严重的威胁，被迫撤离利耶帕亚、里加湾诸港口，驻防塔林。斯大林决定由伏罗希洛夫出任西北方向总指挥部总司令。

截止到 7 月 10 日，苏军西北方面军阵亡 7 万余人，受伤 1 万余人，平均每天伤亡 5 千余人。苏联丧失了立陶宛、拉脱维亚和俄罗斯联邦的部分领土。

德军北方集团军向前推进了 400-450 公里，进逼苏联的西北重镇列宁格勒。希特勒决定要把列宁格勒夷为平地，"以免我们不得不在整个冬天养活那里的居民"。大量的德军不断向列宁格勒逼来，随着夏天一天天地过去，列宁格勒的前景越来越不好。

7 月初，列宁格勒方面军由原来的 30 个师锐减至 5 个兵员足额装备齐全的师，其余的师只有原兵员的 10% -30%。

苏德战争爆发初期，从巴伦支海到芬兰湾没有发生激烈的战斗。从 6 月底起，德军挪威集团军和芬兰卡累利阿、东南集团军，21 个师又 3 个旅，对苏军第十四集团军和第七集团军右翼发起了攻击。

由于苏军早有准备，最终挡住了德、芬两军的进攻，打破了德军统帅部迅速占领摩尔曼斯克和破坏摩尔曼斯克铁路的计划。到了 7 月中旬，德、芬两军只向前推进了 25 至 30 公里，被迫停止进攻。

3. 德军南路

德军南方集团军负责南路，由龙德施泰特元帅指挥，一路斩将夺隘，屡破苏军。德军南方集团军下辖第六、第十七、第十一集团军，第一装甲集群，由第四航空队实施支援。

德军南方集团军任务是：左路第一装甲集群和第六、第十七集团军，从波兰的卢布林地区向基辅方向和第聂伯河下游实施突击，

苏军没有最大限度地发挥坦克装甲集群的巨大威力，因此往往被德军装甲集群各个击破。图为一辆被炮火击毁的苏军坦克

通过迂回包围阻止苏军退过第聂伯河；右路第十一集团军在罗马尼亚第三和第四集团军协同下，迅速从罗马尼亚向苏联第聂伯河下游地区扑去。

斯大林估计，苏德战争爆发后，德军的主攻方向将是乌克兰，目的是夺取乌克兰的粮食、顿涅茨的煤和高加索的石油。因此，苏军在南部配置了西南方面军和南方面军两个方面军。

苏联西南方面军由基尔波诺斯上将指挥，辖有第五、第六、第二十六、第十二集团军，依次由北向南驻防，在普里皮亚季沼泽地至苏罗边界北缘一线组织防御。在罗马尼亚正面是秋列涅夫大将指挥的苏联南方面军，由第十八、第九集团军组成，共86.5万人。

战争开始后，德军迅速突击，苏军进行了反突击，从6月23日至29日，苏军和德军在杜布诺、卢茨克、罗夫诺地区展开一场苏德战争初期规模最大的坦克战。

苏军的反突击粉碎了德军南方集团军在利沃夫突出部合围西南方面军主力以及迅速突入基辅的计划。但由于苏军缺乏统一的指挥，各兵种未能组织好协同动作，最后导致失利。之后，德军南方集团军变更了部署，投入了精锐兵团，攻破了苏军在接合部的抵抗。

6月30日，德军南方集团军攻占了利沃夫和罗夫诺，开始向日托米尔方向实施强大攻击。苏军统帅部考虑到形势严峻，发布命令：要求第六、第二十六、第十二集团军于7月9日前撤到科罗斯坚、沃伦斯基新城、舍佩托夫卡和普罗斯库罗夫旧边界一线，重新组织兵力，加强工事，阻击德军。

7月1日，右路德军和罗马尼亚部队开始强渡普鲁特河，向德

德军南路的步兵

涅斯特河推进。他们虽然遭到了苏军的有准备的抵抗，仍于 7 月 3 日突至莫吉廖夫 – 波多利斯基。

由于苏军西南方面军长时间地威胁着已经向东深入的中央集团军南翼，迫使希特勒在基辅方向集中了几个集团军的庞大兵力。

基辅号称"俄国诸城之母"，是苏联第三大城市，乌克兰共和国的首都。19 世纪中叶，拿破仑曾有这样的名言："占领基辅就等于抓住了俄国的双脚。"可见，该地的战略地位多么重要。

截止到 7 月 4 日，德军在南路推进了 300 至 350 公里。苏军在南路共阵亡 17 万余人，受伤 7 万余人，平均每天伤亡 1 万余人。

冯·龙德施泰特（1875-1953），1940 年 7 月 19 日晋升为陆军元帅。龙德施泰特是一位老派正直的军人，出身军人世家，他的正直、忠诚及敢言使希特勒都对之十分敬重。

他反对希特勒的军事冒险，但德国发动战争后，龙德施泰特军人的使命感又让他挺身而出接受重任。他在西线和东线的表现使希特勒几次罢免又几次起用他，最后一次任职是西线总司令。

二战结束后，龙德施泰特是为数不多的未被起诉的德国陆军元帅，英国人开庭审问他过去的参谋长曼施坦因时，龙德施泰特要求

德国陆军元帅龙德施泰特

与他的朋友一起站上法庭并愿意承担主要责任。1945年5月，龙德施泰特获释，1953年因心脏病去世。

★二战初期的德军坦克

一战结束以后，德军被禁止拥有坦克，然而魏玛时代的德国国防军却暗地里同苏联合作，着手研制自己的坦克。1920年代末，德国专家到苏联喀山的试验基地秘密测试了英国劳埃德4型坦克，并购买两辆回国，这就是后来德国Pz1型坦克的原型。

1931年，古德里安出任国防军摩托运输部队总监，开始大力发

Pz4型坦克是德国在二战时期产量最高的坦克。

展坦克。他设想的德军装甲部队，将拥有两种坦克，一种是装备反坦克炮的中型坦克；一种是装备大口径压制火炮的中型坦克，这其实就是后来的 Pz 3 型和 Pz 4 型坦克。

古德里安心目中的两款主战坦克终于在 1937 年定型生产。Pz 3 型坦克充当德军装甲部队的突击箭头，装备一门 50 毫米火炮，具备较好的防护、反坦克火力和优异的机动性。其重量不超过 24 吨，最高时速达到 40 公里，在苏德战争初期是德军装甲部队的主力，1943 年停产时共有 6100 辆出厂。Pz4 型坦克装备一门 75 毫米火炮，重 25 吨，高 2.7 米，正面装甲到苏德战争前已经加厚到 50 毫米，使用和 Pz 3 型坦克一样的悬挂系统和发动机，公路最高时速 37 公里。Pz4 型坦克是二战德国产量最高的坦克，总共有 9,000 余辆出厂。

而事实上 1930 年代末期，苏军已经装备了先进的 BT 系列快速坦克和 T-28 中型坦克，著名的 T-34 和 KV 坦克也正在测试，可以说苏联坦克的研发已经远远领先德国。

苏军首战损失惨重

1941 年 7 月 3 日，斯大林向全国发表了广播讲话，呼唤人民的民族自尊心和保卫祖国的顽强的民族天性，给了人民以坚定的信念。

斯大林这番讲话在苏联人中，特别是在海陆空军将士中间，产生了巨大的热情，使他们一下子感到强大了许多。从斯大林的讲话中，人们听到了"一切为了前线！一切为了胜利！"的号召，全体苏联人民被保卫祖国的目标团结在一起，开始同德军展开殊死搏斗。

苏德战争初期，苏军各部队损失惨重。另外，近 200 个燃料、弹药和武器库被德军占领。德军的损失也很大，截至 7 月 19 日，德国空军损失 1284 架飞机。截至 7 月底，德国陆军伤亡达 21.3 万人，参加进攻的坦克损失近半。

1. 斯摩棱斯克方面

7 月底，斯摩棱斯克城周围的战斗进入了拉锯战阶段。辖于德军中央集团的古德里安指挥的第二装甲集群部队，同苏军展开了自开战以来最激烈的战斗。

为了捍卫莫斯科面前的最后一个要塞，苏军不惜投入大量兵团反复冲击德军。古德里安的装甲集团经过一个多月的连续作战后，精疲力竭，中央集团各部德军也已是损兵折将，失去继续进攻的能力，被迫暂停进攻，转入防御。

9月6日苏军收复叶尔尼亚。9月8日，苏军前进至乌斯特罗姆河与斯特丽亚那河一带，并以4个集团军的强大兵力在斯摩棱斯克附近再次转入进攻。

虽然苏军最终没能收复斯摩棱斯克，没能守卫住莫斯科前面的"最后一道大门"，但是，却把德军中央集团牵制在这一地区达2个月之久，极大地延缓了德军对莫斯科的进攻速度，并且极大地消耗了德军装甲兵团的战斗力，使得德军"装甲闪击"的战车第一次在苏军阵地前抛锚。

大批的苏联青年参军以抵抗德军的侵略。图为即将入伍的年轻人与亲人告别。

2. 列宁格勒方面

7-8月，德军北路占领了列宁格勒州的大部分地区。列宁格勒与苏联其他地区的铁路联系就此中断。

9月8日，德军突入拉多加湖南岸，占领什利谢尔堡，完成了对列宁格勒的陆上封锁。之后，德军开始收紧夹住列宁格勒的巨钳，用大炮轰击，用飞机轰炸，企图以此来消磨苏联人的抵抗决心。9月10日前后列宁格勒的防御几乎是一片混乱。

在这生死存亡之际，即9月13日清晨，朱可夫率领他亲自挑选的三个助手：霍津、科科佩夫和费久宁斯基飞往列宁格勒。

朱可夫是在一片混乱中到达这个危急地区的，朱可夫的到任迅速扭转了列宁格勒濒于崩溃的防御局面。不到一个星期，朱可夫如同砍瓜切菜般地解除了方面军作战科科长柯尔科丁上校、第四十二集团军司令员伊凡诺夫将军、第八集团军司令员谢尔巴科夫少将和军事委员会成员、师政治委员朱赫诺夫的职务。

为严明纪律、鼓舞士气，朱可夫采取了非常严厉的措施。在整顿指挥系统，解决士气和纪律后，朱可夫指挥他的庞大军队开始反击，首先从敌人手里收复了头一天丢失的村庄、车站或高地。

★苏联"军神"朱可夫元帅

朱可夫，苏联元帅，1918年参加红军。次年加入俄共（布），入骑兵指挥人员进修班和红军高级首长进修班深造，并先后任骑兵团长、旅长、师长、军长，骑兵监助理，驻西班牙、驻华军事顾问和军区副司令员等职。1939年夏调任驻蒙古人民共和国苏军第一集团军任司令，指挥苏蒙军在诺门坎地区粉碎了日军的武装进犯。

　　1940年6月任基辅特别军区司令，晋升为大将。1941年1-7月，任副国防人民委员兼总参谋长。苏德战争期间，朱可夫历任最高统帅部大本营成员和代表，战时最高副统帅、第一副国防人民委员、方面军司令、方面军总司令等职。他积极参与制定最高统帅部的战略计划，并在前线直接组织实施了一系列重大战役。在战略防御阶段，直接参与指挥莫斯科会战，同其他方面军一道将德军击退100-250公里。在战争转折关头，成功地协调了参加斯大林格勒会战、列宁格勒会战、库尔斯克会战和第聂伯河会战的各方面军的行动，扭转了苏德战场的战局，夺回了战略主动权。1943年1月，朱可夫因功绩卓著晋升为苏联元帅。

在战略反攻阶段，朱可夫又直接组织和协调实施了白俄罗斯战役、维斯瓦河－奥得河战役和柏林战役，直到最后捣毁法西斯巢穴柏林，代表苏军最高统帅部接受德军投降。

这些战绩都充分显示出他卓越的统帅才能。战后，朱可夫历任驻德军队集群总司令兼苏占区最高军事行政长官，武装力量部副部长兼陆军总司令，国防部第一副部长、部长等职。他具有组织指挥大兵团作战的卓越才干，善于在主要突击方向上集中兵力，擅长使用坦克集团，穿插迂回，分割包围，成为二战中显赫一时的"传奇元帅"。他曾4次荣膺"苏联英雄"称号，获得6枚列宁勋章。其军事著作有自传体回忆录《回忆与思考》。

此时，德军北方集团总指挥勒布心乱如麻，为了对列宁格勒进行包围，德军的战线从芬兰湾到拉多加湖，再到诺夫其罗德，长达400多公里，而直接用于进攻列宁格勒的部队，只剩12个师，并且这些部队损失惨重。

经过一周的较量，勒布领教了朱可夫的厉害。苏军几乎是不顾一切地拼死抵抗，而且相互间的策应明显加强了。实际上，德军在主攻方向上的部队没能推进一公里，只是增加了伤亡，消耗了给养。希特勒几乎是一天一通电话督战，使他感到如坐针毡。

9月下旬，德军在整个列宁格勒的进攻已是强弩之末。德军北方集团已经没有办法以现有的兵力向前推进半步，只好沿着整个战线停下来，转入战略防御。德军集中兵力建立了一道包围圈，希望最后将列宁格勒的300万军民饿死。由于朱可夫和列宁格勒军民的努力和牺牲，列宁格勒依然在苏联红军手中。

战场上的苏军炮兵

3. 基辅方面

8月底，苏德两军在基辅一带的对阵形势是：德军已经分成两路，绕过基辅，楔入基辅侧后的东北和东南地带，基辅及正东地区仍被苏军控制。

从东北流向基辅的是杰斯纳河，经基辅流向东南方向的是第聂伯河。两河的外侧为德军所控制，两河之间的内侧由苏军驻守。苏军在这里屯集着西南方面军的主力兵团，达60万人。

希特勒意识到：这是一个有利于德军的作战形势。希特勒精心设计了一个围歼方案，让德军绕到基辅东面，在苏军背后来一个南北对进，突破杰斯纳河与第聂伯河，锁住苏军退路，把苏联西南方面军全部装进口袋，一网打尽。

8月24日，战斗打响。德军坦克喷出火舌，轰击着苏军的堡垒，步兵紧随坦克前进。尽管坦克损失巨大，冲击却取得了成功。

9月14日，德第三装甲师与第一装甲集群部队胜利会师，拉上了外层包围网。9月16日，党卫军帝国师攻占交通重镇——乌代河畔的普里卢基，切断了苏军后撤的通道，完成了内层包抄。

由于德军南方集团军大的合围已经形成，很多苏军失去了有效

苏军士兵在战场上勇往直前。

成千上万的苏军士兵成了德军的俘虏

的补给。至 9 月中旬，基辅附近的形势恶化了，很多苏军西南方面军的主力部队被德军南方集团军分割包围。

苏军西南方面军军事委员会和司令部也陷于德军的包围中，不得不在 9 月 17 日夜间出发突围。最后，包括司令员基尔波诺斯等人在内的大批苏联高级将领在突围中壮烈牺牲。

9 月 19 日，德国南方集团军攻陷乌克兰首府基辅。据西方史学家记载，在被希特勒称之当时"世界上史无前例的最大战役"——基辅战役中，苏军 4 个集团军被围歼，65.5 万名指战员被俘虏。

基辅战役历时两个月之久，延缓了德军中央集群向莫斯科的推进，迫使德军不得不在俄罗斯的冰天雪地中作战。

至 9 月底，整个苏联战场上，苏军损失人员 250 万、大炮 2.2 万门、坦克 1.8 万辆、飞机 1.4 万架。

★苏军首战为何失利

1. 军事思想观念陈旧。苏军领导人主观地认为"像德国和苏联这样的大国之间的战争，可能还像从前那样，先在边境交战几天以后双方主力才进入交战"，因而苏军在辽阔平坦的西部边境地区没有采取必要的战略防御部署。在国家腹地亦未建立起纵深梯次配置的战略防御体系，而是脱离实际地偏重于奉行后发制人的反攻战略。

2. 对德军进攻时间和主攻方向判断错误。尽管苏联政府多次从英美等国得到德军即将进攻苏联的情报，但由于受到德国"侵英"烟幕的迷惑，害怕英美等国挑起苏德冲突，实现其"祸水东引"的阴谋，主观地认为"在 1943 年或 1942 年以前"，即在德国"打败英国之前不会入侵苏联"。在对德军主攻方向的判断上，苏军总参谋部认为"最危险的战略方向是西南的乌克兰，而不是西部的白俄罗斯"，因而苏军在乌克兰配置了80个师，占西部总兵力的47%，而在德军实施主要突击的白俄罗斯只部署了40个师。

3. 军事指挥员素质较差。苏军大批优秀指挥员在肃反运动中被错误地清洗掉，一批未经军事院校培养且缺乏实战经验的低级军官被迅速地提拔到中高级岗位上，他们很难胜任与其职务相称的工作，严重地削弱了苏军的战斗力。

4. 对外推行大国沙文主义，树敌过多。二战爆发后，苏联政府利用二战爆发的有利时机，以武力相威胁，肆意扩大其疆界的大国沙文主义行径，严重伤害了其邻国的民族感情。加之其国境线西移，致使战争爆发时，旧防线已被废弃，新防线尚未构筑完成，非但没能起到抵御德国入侵的作用，反而促使芬兰、罗马尼亚等国积极寻求与德国结盟，共同参加侵苏战争。波罗的海沿岸三国民众在战争初期也纷纷投靠德军，对苏军造成了不利的局面。

载满士兵的德国坦克

被俘的苏军士兵

被击毁的坦克

德国空军飞行员